나는 B급 소피스트입니다

안정호 지음

도서출판 북트리

나는 B급 소피스트입니다

안정호 지음

머리말

"나는 B급 Sophist입니다."

소피스트(Sophist)는 '지혜를 가진 자'라 스스로 칭하며 지식을 사람들에게 판매한다. 그렇기에 '지혜를 추구하는 자'라 말하는 철학자(Philosopher)보다 부정적으로 여겨진다. 하지만 보수 없이 참된 지식을 전달하는 사람을 삐딱한 시선으로 의심해야 하는 현대사회에서 전문 직업인으로서 지식의 값을 요구하는 게 오히려 진실하게 느껴지는 슬픈 2021년이다. 귀국해, 성인을 대상으로 비즈니스 영어와 취업 관련 컨설팅을 진행하면서 전달하는 내용이 이들 삶에 숨통을 트일 수 있는가를 끊임없이 자문한다.

주로 나의 고객층은 MZ세대다. MZ세대는 손가락의 작은 움직임으로 어떠한 세대보다 빠르게 원하는 정보를 얻을 수 있다. 권위를 상징하는 특정 부류의 지식은 지식의 대중화로 권위의 상실을 초래했다. 한글 창제 이전의 지식 보급은 어려운 한자를 통해 이루어졌기에 양반의 전유물이었다. 1443년 한글 창제로 지식의 대중화가 이루어져 조선팔도의 백성은 지식을 공유하며 성장했기에 양반의 부조리와 탐욕을 응징하려 했다. 현대사회에서 지식의 대중화는 단연 인터넷이 일등공신이다. 어찌 보면, MZ세대는 권위의 상실을 인터넷을 통해 제대로 경험한 첫 번째 세대일지 모르겠다. 그동안 지식의 대중화로 권위에 가려진 추악함을 바로 잡으려는 백성의 움직임이 이토록 빛나던 시대가 또 있었던가? 그렇기에 MZ세대는 개인의 지성을 중요하게 생각하는 집단지성의 프레임과 맞물려 어떤 세대보다 지식을 배우려는 열정이 강한 세대이다. 그런 세대가 지금 힘들어하고 있다. 그런 세대가 지금 아파한다. 모르는 척하기에는 이들 세대가 감내해야 할 세상이 너무나 혼잡하다. 또한, 아는 척하기에는 이들 세대가 앞으로 무엇을 감내해야 할지 모르겠다. 하지만 50대를 바라보는 X세대보다 힘든 세상과 사투하는 상황 정도는 알고 있다. 가르치는 지식으로 잠시나마 이들의 숨통을 트이게 할지 모른다. 근본적인 해결책이 아닌 미봉책이라는 사실을 누구보다 잘 알기에 부끄럽고 미안한 마음이다. 명확한 소명으로 굳은 소신을 지닌 철학자(Philosopher)라면 안개가 짙어 한 치 앞도 보이지 않는 망망대해에서 좌초한 MZ세대를 구해낼 수 있을까? 하지만 난 얕은 지식으로 입에 풀칠하며 연명하는 B급 소피스트(Sophist)일 뿐이다. 얕은 지식은 점점 한계에 다다른다. 그래서 망망대해에서 나 역시 좌초하기로 했다. 조금은 MZ세대의 아픔을 피부로 느끼고 싶었다. 짙은 푸른색을 띤 망망대해에서 표류한 지 꽤 시간이 흘렀다. 예상과 다르게 그곳에서조차 MZ세대의 아픔을 피부로 느끼기 어려웠다. 난 언제든지 육지로 돌아갈 수 있는 작은 구명보트를 숨긴 비겁자여서다. 아픔을 공감하여 같이 나아가는 척할 뿐, X세대와 MZ세대는 살아가는 과정도 느끼는 감정도 나아가야 할 길도 다르다. 위선자의 길을 걷고 있을지 모른다는 생각에 부족한 깜냥을 원망하기도 했다. 부족한 깜냥으로 고민하고 또 고민했다. 어떤 세대보다 물질의 풍족함을 누리는 MZ세대가 X세대보다 힘들게 살아야 하는 이유는 무엇일까? 결국, 답을 찾지 못하고 비겁하게 작은 구명보트를 타고 육지로 돌아갔다. 시야가 가려져 어디에 있는지도 몰라서 극도의 불안함을 느끼게 하는 망망대해에서 벗어났다. 땅을 지렛대 삼아 발바닥에 힘을 가해 스스로 움직일 수 있을 때 비로소 불안감은 해소되었다. 그래, 그 차이였다. 스스로 움직여 육지로 돌아가는 작은 구명보트가 각자의 삶에 있는지의 차이였다. 인생에서 작은 구명보트가 있다면 거친 망망대해에서 모험하다 지쳐도 표류하지 않고 언제나 안전한 육지로 돌아갈 수 있다. 육지가 삶의 행복이라면 작은 구명보트는 자존감이며 망망대해에서 육지로 가는 길은 자존감을 통해 행복으로 이르는 길이라 믿는다. 결국, 자존감을 만나지 못한 삶은 끝도 보이지 않는 망망대해에서 표류한 채 불안하게 살아갈 수밖에 없다. 얕은 지식으로 입에 풀칠하며 연명하는 B급 소피스트(Sophist)일 뿐이지만 MZ세대를 대한민국의 망망대해에서 안전한 육지로 이르게 하는 조력자 역할을 해야 한다는 사실은 알고 있다. 이 책은 차례대로 읽지 않고 마음 가는 장부터 읽었으면 한다. 우리가 표류한 망망대해가 모두 같은 좌표가 아니어서다.

MZ세대에게 작은 구명보트를 선물할 수 있다면,
MZ세대가 작은 구명보트로 육지로 나아갈 수 있다면,
MZ세대가 육지에 도착해 스스로 움직일 수 있다면,
MZ세대가 더는 기성세대에 흔들리지 않을 수 있다면,

그럴 수 있다면,

이 책의 소임은 다한 것이다.

목차

* 머리말 _ "나는 B급 Sophist입니다" 04

* Love 12
  고독
  (孤獨, Solitude)-part 1

* 첫눈, 눈사람의 마법을 빌려서라도 19

* 누군가를 미워하고 불평할 수 있는 유일한 시간 25
  청춘(靑春) 마을

* 냉철하고 이성적이며 행복한 구두쇠 스크루지 영감을 34
  누가 망쳤는가?

* 이방인(異邦人)의 귀로(歸路, 돌아오는 길) 43

- **Beyond the door**   51
  문 너머에는

- 오디션(audition) 프로그램의 배신(betrayal)   62
  그리고 기한이익상실

- 모두 각자의 길을 걸으면 벼락거지를 벗어나   76
  나를 주인공으로 사랑할 수 있을까?

- 인간은 망각의 동물이지만   88
  뇌는 우리의 행동을 절대로 잊지 않는다

- 자존감과 자존심의 미묘한 줄다리기   97

- 타인의 설국열차 탑승과   105
  레버리지(Leverage) 무임승차권

- 건강한 유채색 스트레스가 오늘 하루 당신과 함께 하는가?   114

- 해 아래 새로운 것이 없나니, 부모님 말씀을 새겨들어라   124

* 회사가 당신에게 정체성을 부여할까?   137

* 개천에서 용이 되려면 송충이는 무엇을 먹어야 해?   151

* 열심히 사는 지구인   163
  효율적으로 사는 화성인
  즐겁게 사는 태양인

* 미라클 모닝(Miracle Morning)으로   180
  아침형 인간(Early Bird)이 된다고 자존감이 향상할까?

* 비난이 하늘을 가리어   219
  지혜를 잠식하는 세상에 살아간다면

* Love   236
  고독
  (孤獨, Solitude)-part 2

"Love
고독
(孤獨, Solitude)-part 1"

30대 초반까지 외향적 성격을 지니고 세상을 바라보았습니다. 외향적인 성격으로 세상을 바라보았기에 모든 사건의 중심에 제가 있었다고 해도 과언이 아니었던 것 같네요. 그래요, 사건의 중심이 제가 아니면 어떠한 의미조차 찾기 어려웠던 시절이었지요. 이야기 중심에 제가 있지 않으면 오히려 어색할 만큼 수많은 사건 사고를 세상에 뿌리며 자랑스러워했던 시절입니다. 30대를 지나 40대 중반으로 진입하는 2020년 12월, 제게는 많은 변화가 있습니다.

저는 당시 세상의 주인공이라 좋았고,
사람 냄새가 좋았고,
사람과 섞임이 좋았고,
사람이 전부라 생각했고,
누군가를 걱정해 주는 게 좋았고,

근거 없는 자신감이 좋았고,
많은 이가 나를 기억해 주기 바랐습니다.

저는 현재
'Love 고독(孤獨, Solitude)'

고독(孤獨, Solitude)을 통해 얻게 되는 무한한 가능성을 깨닫게 된 이후로 과거에 지녔던 가치관이 이제는 제 것이 아니게 되었어요. 고독(孤獨, Solitude)을 사랑하게 된 이후로 모든 생활이 변하기 시작했어요. 20대 시절의 허망한 욕구를 채우기 위해 유학을 결심하고 떠났습니다. 세상을 널리 볼수록, 세상의 중심이 되려 할수록, 나라는 존재를 누군가의 의미가 되려 노력할수록, 통설(通說)의 주인이 설계한 끝을 알 수 없는 목표를 매번 달성해야 한다는 것을 알게 되었습니다. 몸부림쳐 벗어나고 싶었어요. 행복하지 않았으니까요. 세상을 통해 나를 알리고, 중심이 되어 나를 드높이는 일이 가장 행복한 일이라 믿었던 시기였지요. 스스로 계획했던 모든 행동이 통설(通說)의 주인이 조작한 설계였어요. 장님이 코끼리를 만지는 것처럼 좁은 문틈 사이로 보이는 세상을 전부라 생각했어요. 깨달음은 편두통 양탄자를 타고 전두엽에 도착해 미친 듯이 소리를 질렀습니다. 나의 유토피아가

허구로 지어진 가짜라고. 모든 생각을 멈추었어요. 나를 위한 일이 아니었으니까요. 행복해지고 싶었어요. 생각을 멈추는 게 그들에게 대적할 수 있는 유일한 행위니까요.

간절히.
간절하게.

간절할수록 깨달음은 온몸을 지배해 스스로 생각하라고 질책하기 시작했습니다. 그 고민의 끝자락에서 얻은 결론은 믿고 있는 가치관을 내려놓아야 한다는 것이었지요. 30년을 철석같이 믿고 있던 가치관을 버리는 일이 쉽지는 않았습니다. 많은 사람과 다른 길을 걸어야 하기에 물리적 성공을 기대하기 어렵습니다. 하지만 행복해지고 싶었어요. 그렇기에 과거에 사랑했던 많은 것을 내려놓아야 했습니다.

나를 기만한
통설(通說)의 주인에게 대적해
새로운 주류(主流)에 입성해

뜻을 펼칠 수 있는
유일한 길이라 확신합니다.

저는 현재
세상의 주인공이라 생각하지 않습니다.
사람과 섞임을 좋아하지 않습니다.
근거 없는 자신감을 부끄러워합니다.
많은 이가 나를 기억해 주기 바라지 않습니다.

그리고 얻어 낸 수확물은
Love 고독(孤獨, Solitude)
그리고 카테(C.A.T.E.) 잉글리시

카테(C.A.T.E.) 잉글리시는 'Love 고독(孤獨, Solitude)' 안에서 통설(通說)의 주인에 대적해 찾아낸 첫 번째 결과물입니다. 많은 이가 고독(孤獨, Solitude)을 부정적 단어로 생각합니다. 외롭다고 생각하기 때문입니다. 슬프다고 생각하기 때문입니다. 우울하다고 생각하기 때문입니다.

하지만
이 모든 감정의 출발점은
혼자서 무엇도 하지 못하기 때문입니다.

고독(孤獨, Solitude)은

외로움과 우울함을 초월한
긍정적인 자발적 고립입니다.

'사회적 동물'이라는 인간의 정의를 한 번도 의심하지 않기에 사람은 홀로서기를 꿈꾸지 않습니다. 물론 모든 인간관계를 등지고 살아가는 게 옳다고 말하는 게 아닙니다. 최소한의 인간관계를 통해 'Love 고독(孤獨, Solitude)'을 영유할 수 있는 최대한의 시간을 확보하라고 이야기하는 것이지요. 최대한의 시간을 확보해 책을 벗 삼아 홀로서기를 꿈꾸세요. 하지만, 통설(通說)의 주인은 당신이 'Love 고독(孤獨, Solitude)'의 단계로 진입해 책을 읽는 것을 극도로 경계합니다. 진나라 때 실용서적을 제외하고 모든 사상 서적을 불태운 분서갱유(焚書坑儒) 사건을 기억하는지요? 세상 이치는 예나 지금이나 비슷합니다. 2020년, 많은 이가 자투리 시간을 활용해 책을 읽으라고 조언합니다. 하지만 진정한 독서는 'Love 고독(孤獨, Solitude)'의 단계로 진입하지 못하면 만나기 어렵습니다.

책을 읽는 행위가 중요한 게 아닙니다.
짬을 내어 책장을 넘긴다고 생각을 변화하지 못합니다.

'Love 고독(孤獨, Solitude)'의 단계로 진입하지 못한 독서는 요식행위에 불과합니다. 'Love 고독(孤獨, Solitude)'의 단계로 진입하지 못한 독서로 삶의 변화를 꿈꾸기 어렵습니다. 책을 열심히 읽음에도 삶의 변화가 없다면 자문했으면 합니다.

> 통설(通說)의 주인이 요구하는
> 단기적인 목표를 달성하기 위해
> 책을 일회성으로 소비하지 않았는지.

'Love 고독(孤獨, Solitude)'의 단계는 장기적인 목표를 바탕으로 스스로 행복한지 마음의 문을 열고 들여다볼 수 있는 유일한 길입니다. 본인의 행복을 타인과 관련한 다양한 지수를 통해 측정하고 있다면 바로 그런 이유로 불행하다고 생각하는 게 아닐까요? 고독(孤獨, Solitude)의 단계로 진입하는 게 처음이라면 스스로 무엇을 계획하고 실행한 경험이 없기에 현재 놓인 처지를 비관하여 우왕좌왕합니다. 하지만 무엇을 해야 할지 몰라서 허둥대는 모습이 올바른 방향입니다. 모든 이가 겪지 않은 길을 걸어야 하기에 누구 하나 충고해 주기 어렵습니다. 그렇기에 순방향입니다.

지금부터

나만의 엘도라도, 'Love 고독(孤獨, Solitude)'에

이르는 여정을 통해

자존감과 만난

길고도 짧은 이야기를 하려 합니다.

　　　　　　　　　　　　　　　　To be continued...

"첫눈, 눈사람의 마법을 빌려서라도"

2020년, 대한민국의 위태로움은 첫눈을 통해 씻겨 내려갈 수 있을까? 생각해 보면 눈 입자와 코로나 입자는 비슷하다. 좀 더 튼실한 눈 덩어리처럼 느껴지는 코로나의 묵직한 한방은 모든 이를 강제로 동면기에 접하게 했다. 겨울잠을 선택해서 자는 동물이 있을까? 겨울잠은 의지와 관계없는 생존의 문제이다. 인간은 스스로 선택해 행동을 취하는 자유의지를 지닌 동물이기에 본능적으로 활동의 중단을 고려하지 않는다. 인간은 근본적으로 활동을 중단할 수 없는 동물이다. 자연과 대적해 끊임없는 활동으로 땅따먹기의 최강자가 되었다. 수많은 곳에 인간의 자유의지 흔적이 돋보인다. 인류가 탄생한 이후로 활동을 중단한 흔적은 그 어디에도 없다. 심방과 심실의 중노동으로 수축과 이완이 멈추는 그 순간까지 인간은 스스로 활동을 중단하지 못하는 불쌍한 객체이다. '만류의 영장'이라는 타이틀은 그렇게 얻은 듯싶다. 생태계의 최상위 포식자인 인간은 그들의 위용이 초라할 만큼 좀 더 튼실한 눈 덩어리의 융단폭격을 무방비로 받아내고 있다. 그런데도 속 편한 사람처럼 보이려는 수많은 쿨한 인간은 우리에게 속 편한 위로를 한다.

"잠시 쉬어도 괜찮습니다."

이 얼마나 인간의 객체를 이해하지 못하고 맹목적으로 지껄이는 앵무새 같은 모습인가? 나는 그들에게 되묻고 싶다.

"내가 쉬는 동안 너도 쉴 거니?
거짓말쟁이."

2020년, 첫눈이다. 운전면허증이 장롱 지갑에서 벗어나 실생활에 도움이 되는 순간부터 난 눈을 싫어했다. 감수성이 메마른 것일지도 모르겠다. 눈이 오면 도로부터 걱정이 되었고, 자동차 위에 쌓일 눈을 치울 걱정부터 한다. 따뜻한 지하 주차장에 주차해 놓은 수많은 다른 이의 자존감을 보면서 스스로 위축된 적이 너무나 많았다. 늘 내 자존감에 미안할 뿐이다. 매번 다르게 살겠다고 결심하지만, 상황은 나아지지 않았다. 자존감 향상은 맹목적인 의지와 노력만으로 어렵다는 사실을 노안이 찾아오며 깨닫는다. 자존감은 향상하는 게 아니었다. 그래서 그런지 눈은 항상 날 초라하게 한다. 눈을 좋아하는 이를 보노라면 이분법적 사고로 그들을 바로 보았다.

"자존감을 모른척하거나,
자존감을 만난 적이 없거나"

곳곳에 눈사람이 보인다. 각자의 개성이 돋보인다. 눈사람 모양만 보아도 모든 이의 생각이 다르다는 것을 알 수 있다. 한마디도 하지 않는 눈사람을 보며 위로받고 있었다. 눈사람이 따뜻하다고 느끼며 나도 모르게 "미친놈, 별소리를 다 하네." 툭 내뱉었다. 눈사람이 따뜻할 리가 없는데 말이다. 따뜻하다고 믿고 싶었던 것일까? 기대와 다르게 현실은 내가 계획한 로드맵을 따르지 않는다. 식을 줄 몰랐던 벽화로 온도가, 내 열정이 꺼져가는, 인생의 씁쓸한 맛이다. 로드맵이 있으면 다행인 요즘이다. 대한민국에서 장기적 관점으로 살아가는 게 의미가 있나 싶을 정도로 대중매체는 앞다투어 'Easy way'를 홍보하기 정신없다. 대한민국 어른의 현주소라 생각한다. 아이들이 닮을까 두렵다. 혹시나 하는 마음에 자물쇠로 굳게 닫은 주머니를 열어 눈과 연이 없었던 손을 꺼내어 눈사람과 맞닿았다.

"엄청 차갑다. 제길. 현실처럼."

동심을 유지하고 싶었던 내 마음은 삽시간에 무너지며 목적지도 없이 방황하는 무거운 발걸음을 재촉한다. 방향이 있다면 그곳으로 전력 질주하고 싶다. 전력 질주할 체력이나 있을까? 나도 모르게 달리기 자세를 취하며 먼 곳을 바라본다. 하지만 장갑을 끼지 않았기에 손이 시리다는 핑계로 이내 자세를 풀었다. 늘 그렇다. 하지 말아야 할 수많은 이유가 있다. 그렇다고 잠시 쉬지도 못한다. 달리지도 못할 내 다리가 왜 필요한가 싶다. 걷기 위해서인가? 그래, 걷는 것도 감사하게 생각하자며 또다시 하지 말아야 할 이유를 만든다.

"처음부터 뛰고는 싶었을까?"

강제로 동면기에 있어서 그런가? 눈사람 풍년이다. 다른 모양의 눈사람을 보면서 재미있는 사실을 알게 되었다. 눈사람을 세모나, 네모로 만든 이가 없다. 눈사람은 늘 동그랗다. 동그랗게 만드는 게 편해서일까? 누구도 의심하지 않고 눈사람을 동그랗게 만든다. 창작자의 영감을 발휘하는 곳은 눈사람의 눈, 코, 입 정도이다. "서로 다르기에 존중받아야 한다."라는 명제로 살아온 인간의 창의성이 이 정도라는 사실에 잠시 눈을 질끈 감으며 대한민국의 맹목적 교육을 질타한다. 외국에서 공부한 부모나, 서울에서 공부한 부모나, 지방에서 공부한 부모나, 자녀를 키우는 것을 보노라면 한결같다. 이들의 찬란한 청년 시절을 기억하기에 창의적이며 도전적 발상은 어디로 사라졌는지 묻고 싶은 적이 한두 번이 아니었다. 아직 싱글이라 부모의 마음을 모른다고 단정 지으며 다양한 눈사람을 구경하느라 목적지와 정반대로 걸어온 나를 꾸짖는다. 그런데 난 늘 목적지와 정반대로 걷는 것 같다.

"우리는 틀을 벗어나려 한 적이 있기나 할까?
도대체 공부는 그동안 왜 그렇게 열심히 했는데?"

멀어진 목적지에 애꿎은 눈사람을 탓하며 터벅터벅 질편해진 인도의 감촉을 질색하며 걷는다. 이제 더는 창의성 없는 눈사람을 보고 싶지 않다. 하지만 마지막 눈사람과 마주친 순간 드라마 볼 때 언제나 함께하는 단골손님이 뜨거운 무대로 다시 나를 초대했다. 미소였다. 창의성은 찾아보기 힘든 비슷한 눈사람 모양만 비난할 뿐 창조주가 어떠한 마음으로 눈사람을 만들었을지 잊고 있었다. 명절에 온 가족이 모이기를 기대하며 시속 5km로도 나오지 않는 꽉 막힌 고속도로를 벗 삼아 즐기는 마음으로 눈사람을 빚지 않았을까?

한마디도 하지 않는 눈사람을 보며 위로를 받은 의문이 드디어 풀렸다. 사회에서 눈에 띄는 사람이 되라고, 창의적인 사람이 되라고, 차별적인 사람이 되라고, 역설하는 내 모습이 부끄럽다. 결국 같은 마음이어야 한다. 그래서 눈사람 모양이 동그랗다. 인간은 본능적으로 비슷한 생각으로 비슷한 행동을 취한다. 정작 나를 찾아온 근본적인 이유가 아니었을 텐데 잠시 모른척했다. 송편 빚듯이 정성스레 눈사람을 만들며 같은 마음이지 않았을까?

"행복했으면 좋겠어요."

> "누군가를 미워하고
> 불평할 수 있는
> 유일한 시간
> 청춘(靑春) 마을"

    태아는 약 9개월 동안 엄마 뱃속에서 해산을 기다립니다. 사회화되면 다시는 찾을 수 없는, 단 한 톨의 부패와 부정이 담기지 않은 찬란한 신생아의 미소에 반합니다. 하지만 신생아의 미소는 약 9개월 동안 세상 밖에 던져져 '나'라는 자아를 선물 받기 위해 처절한 사투를 벌인 태아의 숨은 노력입니다. 태아는 해산을 기다리며 자기만의 유토피아를 상상합니다. 만물이 꽃을 피우기에 너무나도 어울리는 푸른 계절의 봄, 청춘(靑春)은 모든 이가 살면서 지나쳤거나, 지나칠, 그리고 현재인 유토피아입니다. 해산은 신생아에게 낯선 환경과 처음 대면하는 뜻깊은 날입니다. 약 9개월 동안 상상만 했던 나만의 유토피아를 실현하기 위한 첫발을 내딛는 날입니다. 낯선 환경은 신생아에게 즐거운 공간입니다. 너무나 투명해 상대방이 미안할 만큼 꾸밈이 없는 직관적인 행동은 낯선 환경에 이미 정착한 이주민에게 예쁘기만 합니다. 정착민은 신생아에게 소개할 유토피아를 꿈꾸며 벌써 신생아를 달나라까지 보낼 계획을 마쳤습니다. 신생아가 꿈꾸는 유토피아는 달나라를 가는 게 아니었습니다. 강하게 반항하려 울기도 하고 소리도 질러 보지만 정착민에게는 그저 귀엽게 보일 뿐입니다. 정착민의 압도적인 현대화 기술과 그들의 신체적 능력은 모든 신생아를 무력하게 합니다. 신생아는 자기만의 유토피아를 포기해 낯선 환경에서 정착민이 되어 갑니다.

신생아가 처음으로
자신이 꿈꾸었던 유토피아가 무너지면서
미움과 불평을 만나지요.

정착민은 유토피아가 무너지는 과정을
적응이라 말합니다.

사실은,
처음부터 신생아가 꿈꾸는 유토피아는 없었지요.
미움과 불평으로 가든 찬 신생아는 정착민에게 멋진 복수를 하려 합니다.

정착민은 수많은 적응의 다양성을 제공합니다. 신생아가 정착민의 길을 걸으면 자연스레 자신을 동경할 거라 믿습니다. 그렇게 새로운 삶에 조금씩 적응하기를 기대합니다. 수많은 적응의 다양성을 경험하느라 몸과 마음이 너덜너덜해진 신생아는 미움과 불평으로 다시 한번 복수를 다짐합니다. 미워하고 불평하면서도 정착민이 소개한 과정을 착실하게 이행합니다. 대안이 없다고 생각합니다. 그렇게 대부분 신생아는 태아 시절에 꿈꾸었던 유토피아를 서서히 잊어 갑니다. 유토피아가 존재하기는 했을까요? 정착민에게 대항하려 힘을 키우려 했던 많은 신생아가 적응의 틀에서 무늬만 정착민이 되어 갑니다. 그런데요, 무늬만 정착민이 되었는데도 신생아는 여전히 미움과 불평으로 가득 찬 오늘을 보내고 있습니다. 너무나 이상하네요. 신생아는 이유를 알지 못하기에 오늘도 미움과 불평을 벗 삼아 적응의 틀에서 무늬만 정착민이 되어갑니다. 갑자기 천둥을 동반한 소나기를 안테나 삼아 적응의 틀을 탈출한 돌연변이 신생아가 공감이라는 텔레파시를 통해 모든 신생아에게 외칩니다.

"태아 시절에 꿈꾸었던 유토피아를 기억하세요.
청춘(靑春) 마을에 도달하면 우리가 원한 유토피아를 건설할 수 있어요. 가장 아름다운 그때, 멋지게 정착민에게 복수해요."

모든 신생아가 동요합니다.
그날이 오기를 기다립니다.
청춘(靑春)이 오기를 기다립니다.
청춘(靑春)이 오기나 할까요?

　우여곡절 끝에 청춘(靑春) 마을에 입성했습니다. 드디어 신생아는 정착민에게 멋지게 복수할 수 있을지 모른다 생각했습니다. 그야말로 축제의 장이었어요. 하지만 얼마 지나지 않아, 축제의 장은 사라졌어요. 누구에게 복수해야 할지 잊었기에 청춘(靑春) 마을의 신생아는 복수 대상을 결정하느라 하루가 멀다 하고 논쟁을 벌였지요. 청춘(靑春) 마을에 도착하면 모든 미움과 불평이 사라져 멋지게 정착민에게 복수할 수 있다고 생각했는데 오히려 신생아끼리 다툼이 벌어졌습니다. 누군가 의문을 품기 시작했어요. 청춘(靑春) 마을은 누가 만들었는가? 누구를 위한 청춘(靑春) 마을인가? 누군가의 의문이 의혹의 바이러스를 낳았습니다. 바이러스는 불길이 되어 삽시간에 모든 신생아의 의지를 태우기 시작했습니다. 태어나서 처음 드는 기분이었을 거예요. 힘이 있음에도 사용할 곳을 찾지 못해 스스로 산화해 이산화탄소와 물로 사라지는 그런 기분이지요. 그렇다고 미움과 불평이 사라지지는 않겠지요. 행복이 가득할 것만 같았던 청춘(靑春) 마을에서 일어난 일은 모든 신생아에게 충격적이었어요. 신생아는 청춘(靑春) 마을에서 가장 멋진 날에 정착민에게 복수하면 삶이 끝나는 마지막 여정이라 생각했기 때문이에요. 하지만 삶의 여정은 이제 시작이었지요.

의지는 점점 사라집니다.
무엇을 위해 복수를 하려 했는지도 사라집니다.
누구를 대상으로 복수를 하려 했는지도 사라집니다.
신생아의 완패이지요.

불신이라는 패거리가 다가와 신생아를 혼란스럽게 합니다. 이 패거리는 미움과 불평을 게걸스럽게 먹으며 새로운 미움과 불평의 대상을 가리킵니다. 패거리에게 옳고 그름은 중요하지 않습니다. 늘 비교하기 좋아합니다. 패거리는 잠을 자지 않습니다. 1초 만에 서울에서 아프리카까지 날아갈 수 있는 엄청난 속도를 자랑합니다. 패거리는 엄청난 무력을 자랑하기에 누구든 그물에 걸리기만 하면 만신창이로 만듭니다. 풍채 또한 짐작하지 못할 만큼 거대합니다. 하지만 누구도 이 패거리를 불신이라 부르지 않습니다. 이들은 스스로 정보라 칭하며 청춘(靑春) 마을에서 신생아의 미움과 불평을 먹이 삼아 길 잃은 분노의 방향을 원하는 대로 조종합니다. 그렇기에 오히려 청춘(靑春) 마을에서 불신의 패거리를 반기지요. 복수의 대상과 이유가 사라진 지금, 여전히 남아있는 신생아의 미움과 불평을 겨냥할 새로운 대상이 필요했어요. 불신이라는 패거리가 그 일을 너무나 잘하네요.

새로운 미움과 불평의 대상은 '자신'입니다.

청춘(靑春) 마을에서 서로 아끼고 의지했던 신생아에게 커다란 시련이 다가옵니다. 복수의 대상이 자기가 되었다는 사실에 어찌할 바를 모릅니다. 다스리는 방법을 모르기에 그 어떤 대상보다 잔혹하게 자해하기 시작했습니다. 비참합니다. 우울합니다. 이 굴레에서 벗어나고 싶습니다. 겨울이었어요. 재채기하면 기침이 일순간 얼음으로 변하는 엄동설한에도 반소매 반바지에 슬리퍼를 끌면서 멋진 근육과 몸매를 자랑하는 부류가 해외에서 건너와 청춘(靑春) 마을에 도착했어요. 얼어 죽을 멋짐이었지요. 얼어 죽을 멋짐은 추위에 온몸이 얼어가도 반소매에 반바지를 포기하지 않았어요. 얼어 죽을 멋짐이 청춘(靑春) 마을에 도착한 후 신생아도 앞다투어 얼어 죽을 멋짐을 따라 합니다. 동상이 걸리는지도 모르며 옷을 벗기 시작했습니다. 시간이 지나면 동상으로 팔과

다리를 움직일 수 없었지만, 찰나의 시간을 얼어 죽을 멋짐으로 보일 수 있다고 생각해서예요. 찰나의 시간만이라도 자해한 사실을 숨기고 싶어 했던 신생아는 차라리 치매가 온 것처럼 온몸이 얼어 복수의 대상이 자신이라는 사실을 잊으려 했습니다.

> 기억은 사라지는 게 아니라
> 뇌의 어딘가에 고이 잠자고 있다고요.
> 미움과 불평의 기억은 잠시 잠자고 있을 뿐입니다.

청춘(靑春) 마을에서 유토피아를 꿈꾸었지만, 적응의 다양성, 의혹의 바이러스, 불신의 패거리, 그리고 얼어 죽을 멋짐의 방해로 신생아는 지쳐갔어요. 태아의 시절을 기억하며 살아가는 게 의미가 있나 싶어집니다. 하나둘 그렇게 정착민이 되어가며 청춘(靑春) 마을을 떠나기 시작했어요. 하지만, 끝까지 남아서 청춘(靑春) 마을을 지키고 싶은 마지막 신생아가 있었습니다. 마지막 신생아는 태아의 시절을 기억하며 새로운 세대의 신생아와 함께 유토피아를 건설하기로 했지요. 한 계절이 지나고, 두 계절이 지나고, 마지막 신생아는 그렇게 또 다른 신생아를 기다렸어요. 하지만 밤마다 마지막 신생아를 청춘(靑春) 마을에서 쫓아내기 위해 순찰하는 괴물이 있었습니다. 시간이었어요. 시간이 마을을 한 바퀴 순찰할 때마다 마지막 신생아의 모습은 마법처럼 변해갔어요.

**시간이 한 바퀴 돌면
머리가 조금씩 빠지고,**

**시간이 두 바퀴 돌면
눈이 안 보이기 시작하고,**

**시간이 세 바퀴 돌면
눈꺼풀이 처지고,**

**시간이 네 바퀴 돌면,
주름이 생기고,**

다음 세대의 신생아와 함께 새로운 유토피아를 만들려 했던 마지막 신생아는 결국 청춘(靑春) 마을을 떠납니다. 그런데 신기한 일이 벌어졌어요. 청춘(靑春) 마을을 떠나 정착민이 되니 편두통처럼 늘 한편에 자리 잡은 미움과 불평이 말끔하게 사라졌어요. 마지막 신생아는 이해할 수 없었어요. 그리고 외마디 비명을 지르며 행복하게 웃네요.

아! 청춘(靑春)이었구나.
누군가를 미워하고 불평할 수 있다는 게.
그렇게 뜨거운 청춘(靑春)을 보냈어.

그러한 대상이 있다는 게 행복이었다는 것을
왜 그때는 몰랐을까?
태어날 신생아에게
한 번에 달나라 갈 수 있게
이야기를 해줘야겠어.

이들이 나처럼 실수하지 않도록.

> "냉철하고
> 이성적이며
> 행복한
> 구두쇠 스크루지 영감을
> 누가 망쳤는가?"

2021년 새해, 유의미한 숫자는 아니다. 대한민국, 하나님께서 극복해야 할 수많은 과제를 제시했다. 조물주가 넌지시 던지는 수많은 신호를 많은 이가 외면한 채 살아간다. 신을 거부한다면 과학적 사실에 근거한 당신에게 필연적으로 일어날 현상이라 말하는 게 좋을 것 같다. '신호, 현상'은 매개체를 통해 우리의 신경을 자극한다. 사회과학적 접근으로 중간자 역할을 하는 매개체를 '숫자'라 말하고 싶다. 훈련에 따라 숫자의 의미를 받아들이는 정도가 다르다. 숫자는 모든 이가 한 번뿐인 인생을 방황하지 않도록 삶의 방향을 제시한다. 따르는 종교가 없다면 정말 한 번뿐인 인생이다. 어차피 흙으로 돌아갈 것이 아닌가? 동시에, 숫자는 행복을 어지럽히며 스스로 불행하다 느끼게 하는 망할 놈의 저주와 같다.

2021년, 대한민국에 필요한 인물이 누구일까 생각한다. 마침 떠오르는 인물이 있었다. '구두쇠 스크루지 영감'이다. 1843년 12월 19일에 발표한 영국 소설가 찰스 디킨스의 중편 소설 "크리스마스 캐럴"에는 우리에게 너무나 친숙한 인물, 구두쇠 스크루지 영감이 출연한다. 유년 시절, 크리스마스 시즌이 다가오면 주인의 허락도 없이 구두쇠 스크루지 영감은 어김없이 내 공간을 침입했다. 소가 여물을 되새김질하듯이 크리스마스의 의미를 상기시킨다. '되새김질하다.'는 영어로 'ruminate'이다. 이 단어는 소가 되새김질할 때 쓰이는 동사이지만 동시에 심사숙고(ponder)의 의미로도 사용한다. 크리스마스의 의미를 심사숙고하는 게 무색할 만큼 대한민국은 각기 다른 장르의 숫자 압박으로 바삐 돌아간다. 숫자에 누구보다 민감한 구두쇠 스크루지 영감은 2021년에 어울리는 냉철하고 이성적이며 행복한 사람이다. 우리는 그를 인정이라고는 눈 씻고 찾아볼 수 없는 지독한 수전노로 기억한다. 그런데 정말 그럴까?

스크루지 영감 왈,

"돈은 없지, 청구서 지급할 시간은 다가오지. 대관절 크리스마스가 네게 무어냐? 현실을 말해줄게. 매년 한 살 더 먹는다고 너를 더 부유하게 만들어줄 시간은 한 시간도 늘어나지 않아."

Scrooge said,

"What's Christmas time to you but a time for paying bills without money; a time for finding yourself a year older, but not an hour richer. (A Christmas Carol, 1843)"

    2021년, 꼰대로 불리기 딱 좋은 조카하고 스크루지 영감이 나눈 대사이다. 어차피 구두쇠 스크루지 영감이 개과천선(改過遷善)하는 결말을 알기에, 겉으로는 과격하고 상처 주는 말이지만, 스크루지 영감은 조카에게 12월 마지막 달을 분위기에 취하지 말고 1년 동안 스스로 어떻게 살았는지 점검하라고 냉철하게 조언하는 것 같다. 개과천선(改過遷善)은 "지난 잘못을 뉘우쳐 착한 사람으로 변했다."라는 의미인데 개과천선의 대상을 특정한 부류의 사람으로 한정하지 않는다. 이론적으로 모든 이가 개과천선(改過遷善)의 대상이며 인간의 본성은 교리에 따라 성선설(性善說) 혹은 성악설(性惡說)로 태어날 때 이미 정해져 있다고 한다. 성선설(性善說)과 성악설(性惡說)의 시비(是非)는 해묵은 논쟁이다. 단지 악인이 개과천선(改過遷善)을 할 수 있는지가 궁금할 뿐이다. 개과천선(改過遷善)을 하려면 스스로 돌아보며 과거의 일을 부끄러워하여 같은 일을 반복적으로 행하지 않으려고 반성(反省)해야 한다. 반성(反省)은 가르쳐서 얻을 수 있는 책 속의 지식이 아니기에 개과천선(改過遷善)한 구두쇠 스크루지 영감은 처음부터 악인이라 말하기 어렵다. 다만 보편적 다수와 다르게 생각하고 행동했을 뿐이다. 보편적 다수가 믿는 보편적 편견으로 냉철하고 이성적이며 행복한 구두쇠 스크루지 영감은 그들과 다른 생각을 지녔다는 이유로 비난을 감수하며 살아간다. 잔혹한 범죄를 저질러 세상을 분노와 슬픔으로 도배하게 한다면 이 역시 악마의 재능이 아닐까? 악마의 재능을 부여받은 무리를 물리적인 방법으로 개과천선(改過遷善)하게 유도할 수 있을까? 이들은 처음부터 개과천선(改過遷善)의 대상이 아니기에 물리적인 방법이 필요한지도 모르겠다. 모든 이가 개과천선(改過遷善)의 대상이라는 명제에 의문을 품는다.

스크루지 영감 왈,

"크리스마스는 내게 어떤 즐거움도 없소. 또한, 게으름뱅이를 즐겁게 해 줄 만큼 여유도 없고. 이미 말했지만, 난 그런 시설을 지원하며 돕고 있기에 충분히 많은 돈을 쓰고 있다고."

Scrooge said,

"I don't make merry myself at Christmas and I can't afford to make idle people merry. I help to support the establishments I have mentioned — they cost enough." (A Christmas Carol, 1843)

　냉철하고 이성적이며 행복한 구두쇠 스크루지 영감은 자기만의 주관이 있다. "크리스마스 캐럴"의 본문 어디에도 구두쇠 스크루지 영감을 누군가를 괴롭혀 만족감을 느끼는 변태로 묘사하지 않는다. 도입부에서 구두쇠 스크루지 영감의 점원인 밥 크래칫과 나눈 대화에서 스크루지 영감의 괴팍함은 엿볼 수 있으나, 실제로 노동을 착취해 크리스마스 당일에 일을 시키지도, 크리스마스 날에 쉰다고 월급을 반 크라운으로 깎지도 않는다. 즉 자기만의 철학을 끝까지 유지한 인물이다. 더욱더 아이러니한 사실은 구두쇠 스크루지 영감은 먼저 다가가 비난하지도 않았다. 소설 속에 등장하는 캐릭터 모두 구두쇠로 살아가는, 혼자서 살아가는, 남을 도와주지 않는, 그래서 남들과 조금 다른 방향을 선택한 냉철하고 이성적인 스크루지 영감을 탓하기 바쁘다. 그렇다고 다른 캐릭터가 타인을 위해 베풀며 살아가는지 본문에서는 알 수 없다. 소설 안에서 흑백 논리와 진영 논리를 벗어나지 못하는 이들과 힘겹게 싸우는 구두쇠 스크루지 영감을 응원할 뿐이다.

스크루지는 습관적으로 그들의 호의적 평가를 얻으려 했다. 호의적 평가는 사업적인 관점에서다. 정말 순전히 사업적인 관점에서다.

He had made a point always of standing well in their esteem: in a business point of view, that is; strictly in a business point of view. (A Christmas Carol, 1843)

구두쇠 스크루지 영감은 사업적으로 최선을 다해 사람을 상대한다. 냉철하고 이성적인 구두쇠 스크루지 영감은 본질적으로 사업을 이해한 사람이다. 대한민국에는 비즈니스 정신이 사라진 지 오래다. 냉철하고 이성적으로 행동한다고 다들 떠들지만, 객관적으로 현상을 관찰하기보다는 진영 논리와 흑백 논리에 빠진 '블랙 불편러'처럼 죄인을 단죄하듯 펜을 뽑아 비즈니스 전장에서 춤을 춘다. 그 춤사위가 특별히 누구를 겨냥해 얻고자 하는 목적도 불분명하다. 그냥 누구라도 맞기를 바라며 무분별하게 휘두른다. 처음에는 명분이 있어 시작한 싸움이지만 마지막은 모든 게 흐릿흐릿하다. 결국, 같은 편을 난도질하기 때문이다. 한국인은 모두 같은 편 아닌가? 싸움의 대상이 잘못되었다. 대한민국의 비즈니스 정신은 어디서부터 무너진 걸까? 스크루지 영감은 자신의 철학을 지키려고 범법행위를 하지 않았다. 그가 모은 부는 사업적으로 신호에 빠르고 민감하게 반응했기에 얻을 수 있었던 값진 대가이다. 2021년, 대한민국의 많은 이가 부자가 되기를 갈망한다. '벼락거지'가 될지 모른다는 불안감에 이처럼 부동산 시장이 뜨거웠던 시기가 또 있었던가? 그런데도 부자는 구린 방식으로 부를 쌓았다고 많은 이가 생각한다. 그래서 그런가? 많은 이가 치열하게 살아서 이룬 수많은 스크루지들의 정직한 부까지 부정한다. 그래, 정직하게 부를 쌓을 수 없다면, 구린 방식이 부자가 되는 유일한 길이라면, 부자를 삐딱한 시선으로 바라본다면, 우리는 도대체 왜 부자가 되려 할까? 이해할 수 없는 대한민국이다.

또한, 아이들이 보기에 민망할 정도로 추한 인간의 본성은 후반부에 나온다. 꿈속에서 스크루지 영감이 죽은 후, 그 누구도 스크루지 영감을 애도하지 않는다. 심지어 그의 물건을 훔치면서 스스로 정당화한다. 모든 등장인물은 스크루지 영감이 죽은 후 그의 재산에만 몰두한다. 부를 나누지 않았다는 이유로 철저하게 비난당하는 상황을 보면서 당장이라도 이들에게 부를 모으려 노력을 했었는지 반문하고 싶었다. 구두쇠 스크루지 영감은 심지어 금수저 출신도 아니지 않은가? 구두쇠 스크루지 영감은 홀로 철저하게 비즈니스 정신으로 부를 쌓았을 뿐이다. 치열하게 살아서 스크루지 영감처럼 값진 대가를 얻을 수 있다면 시정잡배가 우두머리 노릇을 하는 '오늘'도 존재하지 않았겠지.

    소설 속에서 이처럼 모든 이에게 증오의 대상으로 스크루지 영감을 가공했다는 사실이 오히려 슬프기까지 하다. 정말 추한 것은 누구인가? 구두쇠 스크루지 영감인가? 그 외의 스크루지 영감에게 덕을 바라는 나머지 사람들일까? 구두쇠 스크루지 영감은 천성적으로 착한 인물이다. 대한민국 사람 그 누구도 꿈을 현실처럼 꾸었다 해서 개과천선(改過遷善)하지 않는다. 구두쇠 스크루지 영감만큼 이성적이지도 냉철하지도 않기 때문이다. 꿈의 내용을 단지 허튼 신호로 생각하지 않고 냉철하고 이성적으로 자신을 분석한 스크루지 영감이기에 스스로 반성하여 개과천선(改過遷善)을 하게 되었다. 구두쇠 스크루지 영감을 생각하면 자연스레 이방인에게 복음을 선포한 '사도 바울'이 떠오르는 이유는 무엇일까? 구두쇠 스크루지 영감의 삶과 사울에서 사도 바울로 거듭난 삶이 너무나 비슷하기 때문이다. 스크루지 영감의 죽음으로 뒤에서 그를 욕하는 인간의 초라한 민낯은 여실하게 드러났다. 정말 구두쇠 스크루지 영감은 불행한 삶을 살았을까?

    2021년 대한민국, 새로운 인물은 항상 등장한다. 그리고 대체할 새로운 인물 역시 항상 대기 중이다. 이들이 우리의 삶을 윤택하게 해 줄 것이라 믿지만 그들은 처음부터 '그 자리'에 머물기 위해서 달려오지 않았다. 그렇기에 오늘 하루의 행복을 위해 미래의 자신에게 미안할 행동을 너무나 많이 저지른다. 시간이 지나도 우리의 흔적은 사라지지 않는다. 위선은 결국 또 다른 위선으로 채울 뿐이다. 위선 할 수 없다면 누구도 '그 자리'에 갈 수 없다는 뜻이다. 위선이 세속적 성공으로 가기 위한 선택으로 자리 잡은 대한민국에서 냉철하고 이성적인 스크루지 영감을 닮을 수만 있다면 누구보다 행복하지 않을까?

스크루지 영감 왈,

"그래, 넌 네 방식대로 크리스마스를 즐겨. 그리고 난 내 방식대로 즐길 수 있게 제발 좀 내버려 둬."

Scrooge said,

"Keep Christmas in your own way, and let me keep it in mine." (A Christmas Carol, 1843)

"이방인(異邦人)의 귀로(歸路, 돌아오는 길)"

공기청정기의 오염감지 센서 덕분에 실시간으로 집 안의 미세먼지를 느낄 수 있는 세상이다. 겨울이라 창문을 열어본 기억이 없음에도 까탈스러운 공기청정기의 예민함은 집 안에 보이지 않는 먼지가 가득하다고 경고한다. 새벽에 느닷없이 방문한 불청객이 술 취해 소리 지르는 것처럼 집 안에 있는 미세먼지를 잡아내는 공기청정기의 소음은 주인장의 성격을 말하는 듯하다. 설명할 수 없는 비이성적 행동을 자행하는 변덕스러운 인간처럼 수시로 변하는 미세먼지의 수치를 확인할 때마다 오히려 불안해지는 원인은 무엇일까? 다다익선이라 했던가? 좁은 방 안에 공기청정기가 3개나 있지만, 일정한 시간에 일정한 간격으로 모두가 미친 듯이 굉음을 낼 때마다 무섭기까지 하다. 도대체 몇 개를 갖춰야 좁은 방 안이 완전무결해지는가? 수많은 미세먼지는 어디에서 오는 것일까? 불청객의 통로는 전부 다 막고 싶은 심정이다.

그리 청결에 신경 쓰며 살아가는 데 수시로 센서 등이 변하며 굉음을 내는 공기청정기 덕분에 과학발전의 스트레스를 받아야 하는 상황이 아이러니하다. 공기청정기 덕분에 숨쉬기가 더욱더 불편해졌다.

공기청정기의 센서가 민감한 걸까?
세상을 바라보는 나의 센서가 민감한 걸까?
쓸데없는 문명의 발전이 우리를 병들게 하는 걸까?

1층에 입점할 편의점 인테리어 공사로 알람이 울리지 않아도 경쾌한 드릴 소리가 기상나팔 소리처럼 나를 불쾌하게 깨운다. 그래서 그런지 오늘도 공기청정기는 열일 중이다. 타의적 아침형 인간으로 만들어 준 이들에게 감사해하며 늘 그렇듯 산책하러 나간다. 산책은 중요한 업무 중 하나이다. 몹쓸 병에 걸린 지 3년 차다. 흔한 질병이기에 누구도 심각하게 생각하지 않는다. 하지만 이 질병과 처음 만난다면 죽을지도 모른다는 불안감에 절망감을 맛볼지 모른다. 나 역시 그랬다. 아무런 운동과 식이요법을 하지 않았다. 그런데도 2주 만에 몸무게가 10kg이나 빠졌으니까 말이다. 예상치 못한 체중 감량을 신이 주신 선물이라 착각하여 기쁨을 누렸던 당시를 생각하면 실소를 금치 못한다.

2주 만에 몸에 붙어 있는 지방과 단백질이 10kg이나 사라진 후 그 당시 암이라 생각했다. 정작 검사를 받으러 병원에 가야 함에도 검사 결과가 두려워 미루고 또 미루었다. 검사를 미루었기에 죽을지도 모른다는 또 다른 두려움이 나를 짓누르기 시작했다. 얼마나 비이성적이고 미련한 행동인가? 여하튼 결과는 흔한 질병이었지만 아슬아슬했다. 거짓말 조금 보태서 죽음 문턱 언저리까지 갈 뻔했다고 의사 선생님이 화를 냈던 당시의 상황은 지금도 생생하다. 가족력이 없기에 좀 놀랍기는 하다. 지금은 하나님이 주신 선물이라 생각한다. 모순적이지만 질병은 우리가 더 건강한 삶을 살도록 노력하게 한다. 정신이 혼탁해진다는 사실도 모른 채 인간의 쾌락이 '힐링'이라 생각한 시절도 있었다. 쾌락의 종착지인 질병 덕분에 정신은 더욱더 뚜렷해진다. 그렇게 산책은 운동이 아닌 업무로 변해갔다.

암이라도 걸려야 걱정하는 게 사람 이치인가 보다.
눈앞에 죽음이 다가와야 후회를 하니 말이다.
수많은 신호를 보내도 스스로 외면한다.
사람은 그렇게 미련하다.

1m마다 시야를 방해하는 **빽빽한** 건물이 당연한 세상에서

눈의 피로감이 무엇인지도 모르며 살아왔다. 유학 시절, 끝도 없이 펼쳐지는 탁 트인 평지를 걸었을 때 처음 느꼈던 해방감을 지금도 잊을 수 없다. 탁 트이는 시야가 너무나 좋았다. 아무리 걸어도 건물이 나오지 않았고, 아무리 걸어도 사람이 보이지 않았다. 이국적인 나무로 자연적인 인테리어를 마친 평야를 사랑했다. 평야 끝에 다다르면 끝없이 펼쳐지는 바다가 나를 반길지도 모른다는 상상에 정처 없이 걸었다. 그런 곳에서도 공기청정기가 필요할까? 귀국 후 또다시 빼빼한 건물 사이에서 분주한 내 모습을 한탄한다. 눈을 감고 그때를 상상하며 발걸음을 움직였다. 나의 우둔한 움직임을 1초도 참지 못하는 자동차 경적에 무서워 바로 눈을 뜬다. 산책하기 좋은 트래킹 코스가 근처에 있지만 정해 놓은 길을 따라 움직이는 것을 좋아하지 않기에 새로운 코스를 찾아 떠난다.

이방인(異邦人)이 되어 신대륙을 발견한 콜럼버스처럼 새로운 코스를 개척하는 시간을 좋아한다. 이방인(異邦人)이라는 단어가 주는 분위기가 외롭고 쓸쓸할지도 모르겠다. 하지만 새로운 만남에 두근거리는 개척자의 기분은 이방인(異邦人)만 느낄 수 있는 특권이다. 아무렇지 않게 지나친 평소의 아름다움은 이방인(異邦人)이 되어서만 느낄 수 있다. 이방인(異邦人)은 주어진 환경을 새롭게 바라볼 수 있게 한다. 시민권자에게 당연한 풍경이 이방인(異邦人)에게는 아름답고 새롭다. 빽빽한 건물을 탈출하듯이 빠져나오면 구획별로 모두 다른 모양을 지닌 인도를 발판 삼아 드넓게 펼쳐진 동네만의 옹기종기한 특색이 나를 반긴다. 누군가에게는 투기의 목적으로, 누군가에게는 벌이의 목적으로, 누군가에게는 터전의 목적으로 이루어진 부조화가 산책을 통해 내게만 조화스럽게 느껴지는 이 기분, 그래 이 맛으로 새로움을 갈구한다.

> 눈 앞에 펼쳐질 공간을 상상할 수 없기에
> 황홀함에 빠져 길을 잃을까 걱정이다.
> 목적지 없이 걷다 보면
> 귀로(歸路)를 걱정한다.

산책은 돌아갈 길, 귀로(歸路)를 생각해야 한다. 무작정 앞으로 달려갈수록 귀로(歸路)를 걱정하게 된다. 낯선 풍경의 황홀함을 갈구할수록 두근거림은 강해지지만 그만큼 불안감도 치솟는다. 결국, 스스로 멈춰야 한다. 세로토닌과 도파민의 분비로 신경을 자극해 환각을 일으키는 엑스터시처럼 이방인(異邦人)으로서 뇌를 자극해 느끼는 황홀경은 결국 가짜이다. 새로움이 뇌를 자극해 잠시나마 내가 누구인지 망각하게 하지만 그 망각만으로 삶을 지탱하기는 어렵다. 망각은 영원할지 모른다고 생각했던 시절도 있었다. 내면의 나와 만나지 않으려 노력한 적도 있었다. 내가 무엇을 사랑하고 혐오하는지 관심이 없던 시절이 있었다. 스스로 가공한 망각의 세계에서 귀로(歸路)의 의미를 고민하지 않으며 배부른 돼지로 살아가려 한 적도 있었다. 귀로(歸路)를 고민하지 않는 삶을 선택해 평생 이방인(異邦人)의 삶을 영유하면서 새로움의 황홀경에 빠진 채 살아가고 싶은 시절도 있었다. 그렇게 자아를 잃어가며 세상의 망각에 취해 살아가고 싶었다. 귀로(歸路)가 없는 삶, 세상의 망각에 도취해 자아를 잃어가며 빠른 걸음으로 현대사회를 좇으며 가랑이가 찢어지는 삶, 어느 곳에서도 나의 행복을 찾기는 어려웠다.

> 난 스스로 멈춰야 했다.
> 오늘도 나의 신경을 건드리며 열일 중인
> 그래서 더욱더 친근한
> 공기청정기가 있는 곳으로 돌아가야 하기 때문이다.

산책의 코스가 정해지는 순간부터 이방인(異邦人)의 귀로(歸路)를 시작한다. 새로움이 나를 지배하는 시간이 익숙함으로 변하는 과정을 반복하며 이방인(異邦人)의 귀로(歸

路)를 시작한다. 10km를 기준으로 약 2시간 30분을 걷는 산책코스를 이미 다양하게 계발했다. 신호등이 없는 코스, 옹기종기한 동네를 만끽할 수 있는 코스, 하천에서 수영하는 오리의 움직임을 따라 걷는 코스, 커다란 산의 운치를 감상하며 장시간 탁 트인 평야를 걸을 수 있는 코스, 사람들의 냄새가 섞여 있는 재래시장 코스 등 다양한 코스는 새로움에서 익숙함으로 다가온다. 익숙하기에 잃어야 하는 자극적인 새로움의 아쉬움보다 익숙함을 유지할 수 있는 오늘을 만끽할 때 비로소 내면은 나와 대화하려 한다. 내면과 대화해 귀로(歸路)를 고민하려면 무엇이 우리를 망각의 세계로 이끄는지 고민해야 한다. 대중매체는 인간을 망각의 세계로 안내하는 일등공신이다. 대중매체를 통해 바라보는 희뿌연 시야는 타의적으로 모든 이가 귀로(歸路)가 없는 이방인(異邦人)의 삶을 살아가게 종용한다. 대중매체는 익숙함의 소중함보다 새로움의 환상을 과대광고한다. 그렇다고 그 새로움조차 우리 스스로 만든 게 아니다. 그게 더욱더 슬픈 현실이 아닌가? 다만 무작정 대중매체를 비난하지 않았으면 한다. 안전벨트 없는 롤러코스터를 태워 망각의 세계로 안내하는 대중매체의 본질은 결국 인간의 본성이기 때문이다. 그렇기에 인간은 귀로(歸路)를 소중하게 생각하지 않는다. 결국, 나의 문제이지 그들의 문제는 아니다.

모든 이가 삶을 시작한 순간부터
내일을 알 수 없는 이방인(異邦人)의 삶을 살아간다.

그렇기에 불안감은 더욱더 커진다.

새로움이 익숙함으로 변하는
귀로(歸路)의 삶에서는
두려움을 찾아보기는 어렵다.

"Beyond the door.
문 너머에는"

There are many doors in our life.
우리 삶에는 수많은 문이 있습니다.

The door that you met or meet or will meet will be your inner reflection where you aim desperately.
이미 만났거나, 만나고 있을지도, 만나게 될 그 문은 당신이 간절하게 원했던 당신 내면의 투영입니다.

However, only a few persons enjoy a splendid glory of encountering the inner reflection which will be a key to move on further.
그러나, 소수의 사람만이 다음으로 나아갈 열쇠인 내면의 투영을 만나는 찬란한 영광을 누립니다.

Because thinking about many doors to escape yourselves from current situation would not lead to activating your inner core.
현재 상황을 벗어날 수 있는 수많은 문을 생각하는 것은 당신을 내면으로 이끌지 않기 때문이에요.

The wasted time to open many doors in the whole life might be considered a precious experience to mature you.
평생 많은 문을 열려고 낭비한 시간이 당신을 성숙하게 하는 값진 경험이라 생각할지 모릅니다.

There is a saying that many experiences will guide us to a good life.
많은 경험이 우리를 좋은 삶으로 인도한다는 말이 있습니다.

It is a lie.
그것은 거짓이에요.

It is just a foolish excuse to sugarcoat adult's life without thoughtful decision based on limited time.

유한한 시간에서 신중한 결정을 하지 않은 어른의 삶을 예쁘게 포장한 어리석은 변명이지요.

If they understood why the rational decision based on limited time was important in their life, they would focus on opening one door to move on further.

유한한 시간에 이성적인 결정을 하는 게 중요하다는 것을 인생에서 이해했다면, 그들은 앞으로 나아가기 위해 하나의 문을 열려고 노력했을 거예요.

In limited time, first, you have to talk to yourself about what you love and hate, which will help you stop being pulled in malicious rumors not related to your happiness.

유한한 시간에 우선 무엇을 사랑하고 싫어하는지 자기 자신과 대화하면 행복과 관련 없는 사악한 소문에 끌려다니지 않게 될 거예요.

When being pulled in your great fears fabricated in others, you always stick to wearing mismatched clothes in the whole life, which means that you blindly follow the weird successful ways in only happening to others, not you.

다른 사람에 의해 날조된 당신의 커다란 불안에 끌려다니면, 평생 당신은 항상 맞지 않는 옷을 입으려 노력해요. 결국, 당신에게 일어나지 않을, 오직 다른 이에게만 일어나는 어색한 성공의 방법을 맹목적으로 따릅니다.

Look back on your life.
당신의 삶을 돌아보세요.

Please ask yourself, "Where does the successful way that you firmly believe come from?"
자문하세요, 당신이 강하게 믿고 있는 성공의 방법은 어디에서 온 것일까요?

If you do not know a clear answer of the question, please ask yourself 3 questions before finding out the clear answer.

당신이 이 질문의 명확한 답을 모르겠다면, 그 대답을 찾기 전에 3개의 질문을 당신에게 물으세요.

Firstly, is it really from what you want?
첫 번째, 정말 당신이 원하는 것인가요?

Secondly, is it really from what you love?
두 번째, 정말 당신이 사랑하는 것인가요?

Lastly, is it really from your inner voice?
마지막으로 정말 당신 내면의 목소리인가요?

Making a sudden decision without asking yourself 3 questions, you will see yourself filled with great anxiety made by others' greed.

3개의 질문 없는 급작스러운 결정은, 다른 사람의 탐욕으로 만들어진 커다란 불안으로 휩싸인 당신을 마주하게 될 거예요.

Because it is not thoughtful, reasonable, and rational decision.

합리적이고, 이성적이며, 신중한 결정이 아니기 때문입니다.

How do you make thoughtful, reasonable, and rational decision?

어떻게 합리적이고, 이성적이며, 신중한 결정을 할 수 있을까요?

Please stay with the education, not ravenously pursuing the easy way.

게걸스럽게 쉬운 길을 추구하지 말고 교육과 함께 하세요.

The true education is to teach sticking to the basic to realize what you love, hate, and want.

진정한 교육은 당신이 무엇을 사랑하고 싫어하며 원하는지 깨닫게 하기 위한 기본을 중시하는 것을 가르치는 것입니다.

Look back on your many decisions that you made.

당신의 수많은 결정을 돌아보세요.

Is it really based on the basic principle but blindly following "EASY WAY"?

정말 쉬운 길을 맹목적으로 따르지 않고 기본을 중시한 결정이었나요?

If you say "YES", you just go on.

만약 그렇다면, 그 길을 가면 됩니다.

If you not, you have to find out the education to change your mindset.

만약 그렇지 않다면, 당신의 사고를 변화할 교육을 찾아야 합니다.

Fake education that teaching is only considered on making a profit always allures you to purchase many doors.

가르침을 수익 창출로만 고려한 가짜 교육은 항상 당신에게 많은 문을 구매하도록 유혹합니다.

Their sweet suggestion of knocking on many doors always tempts you to make a great profit.

많은 문을 노크하라는 그들의 달콤한 제안은 우리가 큰 수익을 만들 수 있다고 유혹합니다.

Their wicked whisper always seduces you into critical error that you will attain many doors in the short period.

그들의 사악한 속삭임은 많은 문을 단기간에 얻을 수 있다는 치명적인 실수를 하게 유혹합니다.

Please do not let money lure you into something that you do not love and want.

돈에 홀려 당신이 사랑하지도, 좋아하지도 않는 무언가에 빠지지 마세요.

It is not your profit but their profit.
당신의 수익이 아닌 그들의 수익입니다.

"EASY COME, EASY GO."
쉽게 얻은 것은 쉽게 떠나지요.

This is why following the saying that the effort of opening many doors will guide us to a good life is not a productive and efficient way.
그렇기에, 많은 문을 열려는 노력이 우리를 좋은 곳으로 안내한다는 이야기를 따르는 행동은 생산적이고 효율적인 방법이 아닙니다.

Your time is limited.
당신의 시간은 제한적이지요.

Your passion is limited as well.
당신의 열정 또한 제한적입니다.

I think an adult telling that you do something whatever you want is not a person truly being worried about you.

무엇이든지 하고 싶은 것을 하라고 이야기하는 어른은 진정으로 당신을 걱정하는 사람은 아니라고 생각합니다.

What if the adult is really worried about you?

당신을 진정 걱정한다면?

They cannot give you "SUCH A SILLY ADVICE" to make same errors.

그들은 같은 실수를 반복하는 그런 바보 같은 충고를 하지 않을 테니까요.

Although you believe many doors in your life will exist to escape yourselves from current situation, obtaining a chance to meet your inner reflection in the whole life is not easy.

당신의 삶에서 현재를 벗어날 수 있는 수많은 문이 있다고 믿더라도, 평생 당신의 내면과 만날 기회를 얻기는 쉽지 않습니다.

What is beyond the door?
문 너머에는 무엇이 있을까요?

Honestly, it is a stupid question, because it is nothing beyond the door.
솔직히, 어리석은 질문이지요. 문 너머에는 아무것도 없기 때문입니다.

The completion of valuable life is not reaching the final goal manipulated by others' voices but comprehending the journey to meet one door for talking to your inner voice.
가치 있는 삶의 완성은 다른 이의 목소리로 조작된 마지막 목표에 도달하는 게 아니라 내면의 목소리와 대화하기 위한 하나의 문을 만나는 여정을 이해하는 것입니다.

"오디션(audition) 프로그램의 배신(betrayal) 그리고 기한이익상실"

"10년이면 강산도 변한다."라는 말처럼 대한민국은 과거에는 불편하게 여겼던 생각이나 방식을 흡수하여 변모하고 있다. 2021년 대한민국은 그 어떤 때보다 경제학자 조지 슘페터(Joseph Schumpeter)가 역설했던 '창조적 파괴(creative destruction)'가 필요한 시기이다. 창조적 파괴(creative destruction)를 이해하려면 현재의 문제점을 인식해야 한다. 현재의 문제점을 파악하려면 자연스레 고통스러운 과거로 돌아가 내면과 만나야 한다. 내면과 만나는 것 자체가 고통을 수반하지는 않는다. 다만 내면과 진정으로 만나면 자연스레 모든 원흉은 자기 자신이라는 것을 깨닫는다. 그 깨달음이 고통스럽다. 남의 잘못이 원래 더 커 보이지 않는가? 나를 사랑하는 게 그 어떤 행위보다 중요하다 믿고 있는 마지막 X세대이기에 가슴 한편에 묻어 두었던 내면의 문제를 꺼내어 반성하는 과정은 낯설다. 또한, 건강한 미래를 위해 과거의 찬란한 영광을 버리고 새로운 먹거리를 찾아 떠나라 강조하는 창조적 파괴(creative destruction) 개념은 30대 후반을 지나 40대로 진입한 모든 이에게 커다란 숙제라 생각한다. 가끔 자문한다. "믿어 왔던 모든 지식과 신념이 앞으로 쓸모없는 구시대의 유물로 전락하면? 나는 어찌해야 하는가?" 이 질문의 해답을 찾아가는 과정 역시 고통스럽다. 20대 시절에 값싼 이자와 거치 기간이 영원할 것 같았던 '시간'을 하나님으로부터 빌렸다. 20년의 세월을 값싼 이자만 지급하며 그렇게 꿈을 키워왔다. 상상이나 했을까? 원금을 갚아야 할 시간이 오리라고? 시간은 늘 내 편이라 믿었다. 시간은 공짜가 아니었다. 그 시절에 '이자+원금'을 동시에 갚아야 하는 머지않은 미래를 조금이라도 일찍 깨달았다면 얼마나 좋았을까 하는 푸념 아닌 푸념을 내뱉는다.

누구에게나 공평하게 제공하는
시간은 공짜가 아니다.

시간을 관장하는 태엽이
곧 멈출지도 모른다는 불안감은
남은 열정을 불태우게 한다.

그런데,
원금이 이리 비쌀지는
20대에도 30대에도 알지 못했다.

기한이익상실이다.

오디션(audition) 프로그램으로 대한민국이 들썩거린 지 오래되었다. 놀라울 정도로 다양한 장르의 오디션(audition)이 흙수저의 등용문처럼 대한민국을 뜨겁게 한다. 잠시 유행이라 생각했던 오디션(audition)의 열풍은 10년을 버티며 지금도 성행 중이다. 눈여겨볼 점은 오디션(audition)에 참가하는 지원자의 나이가 점점 올라간다. 30대의 지원자를 찾기는 그리 어렵지 않다. 간혹 40대의 지원자도 보인다. 세상은 그렇게 변해간다. 지금이 2000년이었다면, 30대 혹은 40대에 지원하는 참가자를 '정신 못 차리는 철없는 사회부적응자'라 비난할지 모르겠다. 2021년, 여전히 그들을 정신 못 차리는 철없는 사회 부적응자라 비난하며 변해가는 생태계로 인해 발생하는 돌연변이(mutation)라 치부할 수 있을까? 그들은 돌연변이(mutation)가 아니라 창조적 파괴(creative destruction)를 몸소 실천하는 위험한 선구자이다.

위험한 선구자이기에 관점에 따라서 시청자에게 독이 되

기도 힘이 되기도 한다. 경제학에서 당사자 간의 거래 행위를 통해 의도치 않게 제삼자에게 이익 또한 손실을 발생하게 하는 경우를 '외부효과(external effect)'라 말한다. 40년이 지난 지금도 방송국에서 안방까지 영상을 수신할 수 있도록 전달하는 매개체의 원리를 이해하지 못한다. 네트워크 시스템은 천리안, 나우누리의 시절을 거쳐 크롬까지 약 20년이 흘렀지만, 컴퓨터를 통해 글을 쓰면 많은 이가 글을 읽으며 공감할 수 있다는 게 신기할 뿐이다. '긍정적 외부효과(positive external effect)'이다. 하지만 시간이 흐르면 예전의 신기함은 더는 우리의 감정을 타오르게 하지 않는다. 점차 익숙해져 우리의 감정이 무뎌져서다. 무뎌진 감정을 다시 타오르게 하려고 우리는 방향을 잃고 자극적인 방향만 원한다. '부정적 외부효과(negative external effect)'이다. 오디션(audition) 프로그램은 안방에서 시청하는 모든 이에게 어떠한 긍정적 외부효과(positive external effect)와 부정적 외부효과(negative external effect)를 창조할까?

오디션(audition)이

양산하는 게 무엇이든

우리는 상처받고

힘을 얻는다.

위험한 선구자는 이를 알까?

흙수저의 등용문인 오디션(audition)을 통해 새로운 스타를 배출한다. 흙수저가 성장해 주류에 입성하는 과정을 보여주는 오디션(audition) 프로그램은 2021년 현대사회에서 불가능하게 느껴지는 "개천에서 용 난다."의 축소판이다. 대한민국의 애환을 새로운 스타에게 전달하려 해서다. 새로운 스타가 나와 같은 과정을 겪었다 공감해서다. 그렇기에 시청하는 모든 이에게 카타르시스를 선물한다. 쾌감의 배설과 마음의 정화가 동시에 일어났을 때 온전한 카타르시스를 만난다. 오디션 프로그램을 통해 온전한 카타르시스를 느꼈는지는 개인, 자신만 알 수 있다. 만약 쾌감의 배설로만 카타르시스를 만끽하면 오디션(audition) 프로그램이 끝났을 때 몰려오는 피로와 허무감으로 며칠, 몇 주, 혹은 몇 달을 과거에 갇혀 오디션(audition) 프로그램과 이별하지 못한 경험이 있을지도 모르겠다.

그들은 쾌감의 배설을 위해 또 다른 오디션(audition) 프로그램을 찾아 떠난다. 쾌감의 배설을 통한 카타르시스는 마약과 같기에 더욱더 자극적이며 불합리한 구조에서 일어나는 기적을 기대한다. 그리고 그 기적을 영화처럼 재현하기에 오디션(audition) 프로그램이 지금까지 잘 팔린다. 마음의 정화가 없을 때는 새로운 스타가 만들어 낸 단기간의 결과물만 환호하며 기적이라 부른다. 우리에게는 왜 그들과 같은 기적이 단기간에 일어나지 않는가? 같은 흙수저이기에 더욱더 처절하게 느껴지는 상대적 박탈감이다. 그렇기에 우리에게 '부정적 외부효과(negative external effect)'를 전달한다.

새로운 스타가 탄생하는 과정은
오디션(audition), 그 이전부터이다.

오디션(audition)에 참가했을 때는
이미 기적을 완성한 후이다.

그렇기에 우리 눈으로
기적을 목격할 수 있다.

기적은 오늘 내게 일어나지 않는다.
마음의 정화는 기적을 만들어가는 과정에서 일어난다.

2021년, 대한민국은 공평한 기회에 목말라한다. 공평한 기회와 정당한 결과가 무색할 만큼 기성세대의 변함없는 장난질로 반려동물이 되지 않으면 먹이조차 찾기 힘든 현실 세계를 어른이 되면서 자연스레 깨닫는다. 문제는 기성세대의 분탕질이 이제 막 어른으로 진입하는 20대와 30대의 가치관을 변화하게 한다. 기성세대가 분탕질하는 까닭은 하나다. 과거에도 그러했고, 현재도 그러하고, 앞으로도 그렇겠지만 그들도 미래를 현명하게 대처하는 방법을 모르기 때문이다. 아마 이 진리는 내가 죽어서도 변함이 없다고 확신한다. 과거의 기성세대도 현재의 기성세대도 그리고 미래의 기성세대 역시 분탕질을 통해 자기를 과시한다. 2021년, 반려동물이 되지 않으면 먹이를 찾을 수 없는 현실을 통탄하며 X세대는 40대에 입성했다. 과거 기성세대의 길을 혐오하지만 똑같은 방식으로 분탕질을 준비 중이다. 배운 게 도둑질인데 다른 씨앗이 나오기를 기대하는 게 어불성설이다. 그래서 더욱더 슬픈 오늘이다. 그렇기에 출신 배경을 묻지 않고 개인의 노력으로만 정당한 결과를 얻을 수 있는 공간의 탄생은 환영받아야 한다. 그게 오디션(audition)이다.

오디션(audition) 프로그램은 혈연, 지연으로 묶인 낡은 기성 제도를 탈피해 모든 이에게 공평한 기회를 주려 한다. 기성세대는 오디션(audition) 프로그램에 참여하는 위험한 선구자를 '피터팬 증후군'의 집단이라 폄하할지도 모른다. 10대에 품었던 꿈을 지속하라 가르치는 공간이 더는 현실 세계에 없어서다. 10대의 꿈을 40대가 되어서도 간직하려면 결국 사회의 진입을 포기해야 한다. 살아남으려면 자연스레 사회에서 원하는 어른이 되어야 한다. 건물주가 되는 게 초등학생의 꿈이라 말하는 통계조사는 충격적이다. 과거와 비교해 갈수록 조숙해지는 초등학생의 생각은 물질만능주의에 취한 어른의 분탕질로 일그러진 대한민국의 미래이다. 그러한 초등학생에게 꿈을 키우라고 말하는 게 부끄러울 뿐이다. 하나쯤은 10대의 꿈을 지속하게 하는 공간이 있어야 하지 않을까?

세상에
변질한 피터팬 증후군을 가진 이로 넘쳐났으면 좋겠다.

책임감은
분탕질을 일삼기 위한 사회에서 배우지 못한다.

분탕질을 일삼는 사회에서
차라리 현실에서 도피해 자기만의 세계를 만들어가라
조언하고 싶다.

자기만의 세계를 완성하면

자연스레 책임감을 배우고

자연스레 현실로 돌아가 많은 이에게

긍정적 외부효과(positive external effect)를 나누기 때문이다.

피터팬 증후군 역시

기성세대의 분탕질로 만들어진

슬픈 자화상 아닐까?

    오디션(audition) 프로그램에서 창조적 파괴(creative destruction) 이론을 실천하는 위험한 선구자를 만나면 이들의 출신 배경에 울컥한다. 방송은 앞다투어 그들의 불우한 환경을 조명한다. 불우한 환경을 극복하고 새로운 스타로 거듭나는 이야기를 짧은 기간을 통해 방영한다. 오디션(audition) 프로그램의 배신(betrayal)이다. 위험한 선구자가 톱10에 진입해 시청자를 즐겁게 하는 까닭은 무엇일까? 사실 이들의 출신 배경은 크게 상관없다. 물론 스토리텔링이 있다면 위험한 선구자의 가치는 오른다. 하지만 스토리텔링만으로 정상을 차지하기 어렵다. 오디션(audition) 프로그램에서 불우한 출신 배경의 참가자가 시청자에게 동질감을 끌어낼 수는 있어도 시청자의 동질감은 쇼를 위한 감초 역할 뿐이지 본질이 되어 판을 흔들지는 못해서다. 판을 흔들려면 오디션(audition) 프로그램이 요구하는 조건에 부응해야 한다. 능력이 있어야 한다. 하지만 능력은 기성세대, 즉 심사위원의 인정이 필요하다. 그렇기에 오디션(audition) 프로그램의 배신(betrayal)이다.

오디션(audition) 프로그램 역시 기성세대의 손길인 권위를 벗어나기는 어렵다. 아이러니하게도 권위의 상실이 그 어떤 날보다 2021년을 대표하는 사회적 현상이다. 여론의 힘은 대통령의 탄핵을 시작으로 정권을 바꾸고, 정책을 바꾸고, 판결을 바꾸고, 부정한 권위가 무너져 새로운 세상을 꿈꾸게 했다. 하지만, 권위가 없으면 따르는 이도 없다. 따르는 이가 없으면 내 말을 듣는 이도 없다. 내 말을 듣는 이가 없으면 그동안 죽어라 공부한 이유가 사라진다. 그동안 죽어라 공부한 이유가 사라지면 찬란한 10대 시절, 무익한 공부로 보낸 수많은 날을 어디에서 보상받아야 하는가? 건강한 권위를 추대하고 부정한 권위를 몰아내는 사회를 건설하는 게 정답이지만 그러기는 물리적으로 불가능하다. 음이 존재하지 않으면 양의 가치를 모르기 때문이다. 즉 부정한 게 존재하지 않으면 건강한 게 무엇인지 알 길이 없다. 결국, 우리는 건강한 권위와 부정한 권위를 동시에 몰아낸다. 그렇기에 권위의 상실은 양날의 검이다. 심사위원의 인정은 건강한 권위일까? 그랬으면 좋겠다.

악화는 양화를 구축한다.
중고차 시장은 레몬시장으로 변질한다.

권위의 상실은 결국
대한민국에 부정한 권위만 난무하게 할지도…

건강한 권위가
그리운 오늘이다.

짧은 시간에 이루어진 오디션(audition) 프로그램은 위험한 선구자가 걸어온 인생의 발자취를 담기에는 부족하다. 그렇기에 출신 배경과 더불어 위험한 선구자는 나이가 어릴수록 좋다. 어리면 어릴수록 그들의 천재성에 열광해서다. 대한민국은 특히 '나이'에 민감하다. 나이에 걸맞은 위치가 존재하고, 나이에 걸맞게 행동해야 하고, 나이에 걸맞게 생각해야 한다고 믿는다. 분탕질을 일삼는 기성세대가 만든 수구적인 프레임이다. 취업, 이직 관련한 면접을 가르치는 처지에서 이를 활용하기에 씁쓸한 마음 감추기 어렵다. 합격하려면 기성세대의 마음을 가르쳐야 하기 때문이다. 나이에 갇혀 사회가 원하는 바를 따르는 자는 창조적 파괴(creative destruction)를 실천하기 어렵다. 그렇기에 수많은 오디션(audition) 프로그램에서 창조적 파괴(creative destruction)를 실현하려는 위험한 선구자가 지닌 가치를 폄하해서는 안 된다. 그들의 출신 배경이 동기를 부여할 수는 있어도 동기를 윤활유 삼아 지속해서 태울 수 있었던 이유는 나이와 걸맞지 않은 이들의 노력과 생각 때문이다. 그렇기에 오디션(audition) 프로그램의 배신(betrayal)이다.

오디션(audition) 프로그램은 나이에 걸맞지 않은 행동과 생각으로 인한 위험한 선구자의 고뇌를 담아내지 못한다. 그렇기에 위험한 선구자가 타고났다고 생각할지 모르겠다. 하지만 타고난 것도 다듬지 않으면 원석일 뿐이다. 오디션(audition) 프로그램에 출연해 시청자에게 기쁨을 전달하는 이들을 감히 누가 원석이라 말할 수 있는가? 원석으로는 오디션(audition) 프로그램에서 얼굴을 비추기도 어렵다. 그렇기에 오디션(audition) 프로그램의 배신(betrayal)이다. 흙수저가 성장해 주류에 입성하는 과정을 보여주는 오디션(audition) 프로그램에서 우리가 생각하는 흙수저는 처음부터 존재하지 않는다. 만약 오디션(audition) 프로그램에서 위험한 선구자가 나이에 걸맞지 않은 행동과 생각으로 인한 고뇌를 그대로 전달했다면 누구도 이들에게 동질감을 느끼기 어렵지 않았을까? 그렇기에 기한이익상실을 견디며 용감하게 자기의 길을 걷는 위험한 선구자를 조용히 응원한다.

'기한이익상실'이 두려워
믿고 있는 수많은 통념은
신뢰성 없는 지라시인 경우가 많다.

신뢰성 없는 소리꾼의 생각을
철석같이 가치관으로 믿고 있는 우리이기에

다른 이의 생각에 부응하려
오늘도 고통의 날을 보내고 있을지 모른다.

모든 이가
창조적 파괴(creative destruction)를 실현하는
위험한 선구자의 길을 걸을 이유는 없다.

다만
창조적 파괴(creative destruction)는
자기 비난으로 '용의 꼬리'로 남기보다는
자아 성찰로 '뱀의 머리'를 선택해

그 안에서 행복을 추구하는 게 아닐는지.

B급으로 살아가도
행복하다.
행복은 누구에게 과시하려고
존재하는 게 아니니까.

> "모두 각자의
> 길을 걸으면
> 벼락거지를 벗어나
> 나를 주인공으로
> 사랑할 수 있을까?"

　매년 탄생하는 신조어에 관심이 많다. 하지만 우후죽순으로 쏟아지는 젊은 세대의 생각을 따라잡기는 무리다. 언어는 시대의 거울이다. 신조어를 젊은 세대가 쓰는 언어로 치부하지 않았으면 한다. 신조어는 시대의 아픔을 고스란히 담아낸다. 얼마 전 "갑자기 통장을 보니 알바를 해야겠다."를 줄인 '갑통알'이라는 신조어를 알게 되었다. 신조어를 통해 세월의 야속함으로 인한 관심의 변화를 탓하기보다는 젊은 세대의 아픔이 느껴지기에 마음이 짠했다. 통장 잔고가 비어서 취하는 다음 행보가 알바라는 내용을 바탕으로 기성세대는 단순하고 쉽게 살아가려는 젊은 세대를 비판할지도 모르겠다. 많은 젊은이가 단순하고 쉽게 인생을 살아가려 한다면 이는 개인의 문제가 아닌 사회의 구조적 문제이다. 개인이

취할 수 있는 다음 행보가 알바 밖에 없다면 이 또한 사회가 안고 가야 할 문제여서다. 지금은 듣기 어렵지만 과거 초등학교 시절 매일 듣던 사자성어가 있다.

부국강병(富國强兵)
나라를 부유하게 하여, 군사력 증강을 촉구하는 정책

2021년, 대한민국, 그 어느 곳에서도 '부국강병(富國强兵)'을 듣기 어렵다. 촌스럽게 느껴지는 4글자가 당시의 시대상이었다. 상대적으로 나라가 부유해지고 군사력도 증강했기에 더는 사랑받지 않는 사자성어라 생각한다. 나라가 부유해지고 군사력의 증강 문제는 개인의 노력으로 해결할 수 있는 게 아니다. 흩어진 개인을 모아 집단을 형성하고 집단이 모여 사회를 구성하여 긍정적 외부효과(positive externality)로 이르는 과정이 없었다면 현재까지도 부국강병(富國强兵)은 올해의 키워드이지 않았을까? 이처럼 특정 세대에게 화자 되는 신조어의 탄생은 시대가 안고 가야 할 구조적 문제로부터 발생한 기형적 언어일지 모른다. 그렇기에 다양한 신조어로 사회의 현상을 바라볼 수 있다. 요즘, MZ세대와 X세대에게 널리 알려진 신조어가 있다.

'벼락거지'

부동산과 주식 등의 자산 가격이 급격히 오르기에 상대적으로 자신의 소득과 관계없이 빈곤해진 사람으로 전락하는 경우에 쓰이는 신조어.

열심히 살아도 누군가의 급격한 부의 상승으로 상대적 박탈감을 느낀다는 의미인데, 잠시 '벼락거지'에 관련한 이야기를 논하기 전에 질문하고 싶다.

① 나는 성공하고 싶다.
② 나는 부자가 되고 싶다.
③ 나는 부동산과 주식이 재테크로 필요하다고 생각한다.
④ 나는 똑똑해지고 싶다.
⑤ 나는 집단에서 매력적인 사람이 되어 집중 받고 싶다.
⑥ 나는 다양한 인맥으로 자기계발을 하고 싶다.

누군가가 이 질문을 던지면 우리는 6개의 질문 중 몇 개나 "아니오."라고 말할 수 있을까? 그렇다면 다음 질문도 생각해 보자.

① 나는 집단에서 좋은 사람이 되고 싶다.

② 나는 학연, 지연, 혈연을 배제하고 공정하고 공평한 사람이 되고 싶다.
③ 나는 인생에서 당당한 사람이 되고 싶다.
④ 나는 다수로부터 존경받는 유익한 사람이 되고 싶다.

누군가가 4개의 질문을 우리에게 던지면 "아니오"라고 답할 수 있는 질문이 있을까? 이제 다음 질문을 하려 한다.

① 나는 집단에서 좋은 사람이 되고 싶다.
② 나는 학연, 지연, 혈연을 배제하고 공정하고 공평한 사람이 되고 싶다.
③ 나는 인생에서 당당한 사람이 되고 싶다.
④ 나는 다수로부터 존경받는 유익한 사람이 되고 싶다.

이 4개의 질문을 고민하면서,

① 나는 성공하고 싶다.
② 나는 부자가 되고 싶다.
③ 나는 부동산과 주식이 재테크로 필요하다고 생각한다.
④ 나는 똑똑해지고 싶다.
⑤ 나는 집단에서 매력적인 사람이 되어 집중 받고 싶다.

⑥ 나는 다양한 인맥으로 자기계발을 하고 싶다.

6개의 질문을 완성할 수 있을까?

1초도 고민 없이 "아니오"다. 하지만 2021년, 밀레니얼 세대는 처음부터 모순으로 이루어진 2개의 카테고리를 완성하려 노력한다. 이들을 미련하다고 누가 손가락질할 수 있는가? 하나는 이타적 행위를 통해 완성하고 다른 하나는 이기적 행위를 통해 완성할 수 있다. 더욱더 가관인 상황은 이 모든 게 개인의 선택으로 이루어지는 결과라 사회가 종용한다. 사회의 책임을 교묘하게 개인의 책임으로 전가하는 현상으로 수많은 밀레니얼 세대는 상대방과 비교하며 살아야 하는 불안함과 강제적 동거를 시작한다. 오랜 시간 불안함과 살아가는 강제적 동거의 말로는 무엇일까? 상대적 박탈감이다. 아닌 척하지만, 그 불안함이 두려워 마치 약속한 것처럼 사회에서 같은 행동을 취한다. 그 누구도 내가 겪는 불안함이 사회의 미숙함으로 발생한 문제라 화를 내지 않는다. 그만큼 한국인은 순수하다. "똥 묻은 개가 겨 묻은 개를 나무란다."라는 속담처럼 누군가는 사회의 구조적 실패로 발생하는 수많은 '똥'을 개인의 선택으로 발생한 '겨'의 문제라 지적한다. 우리는 스티브 잡스처럼 프레임 밖에서 생각하는 게 힘들다. 더군다나 스티브 잡스처럼 생각을 행동으로 옮기기는 더욱더 힘들다. 인간은 구조적 안정을 통해 개인의 불안감을 털어내려 한다. 이러한 인간의 본성이 없다면 사회는 태생적으로 존재할 수 없다. 사회는 프레임을 선물한다. 우리는 그 프레임에서 살아갈 때 안정적으로 살아갈 수 있다고 평생 눈으로 보고 귀로 듣는다. 그런데도 대한민국은 희한한 소리를 참인 것처럼 해댄다.

"누구나 각자의 길이 있는 거야."

각자의 길이 다르다고 생각하지만 결국 원하는 길은 2개의 카테고리 질문에서 벗어나지 못한다. 앞에 던진 2개의 카테고리를 벗어나서는 삶을 살아갈 수 없다고 믿기 때문이다. 직업이 다르다고, 하고 싶은 게 다르다고 각자의 길이 있다고 말한다면 원하는 도착지 또한 모두 달라야 하지 않을까? 40대 중반을 조우하는 이 시점, 한순간도 각자의 길을 가는 이를 만나지 못했다. 하지만 분명히 다른 길을 가는 이가 어딘가에 있다고 믿는다. 나 역시 다르지 않다. 죽음 이외에는 2개의 카테고리를 벗어날 수 없다고 생각한다. 그렇기에 갑자기 화를 참지 못하거나, 우울해지거나, 불안함을 느낄 때가 있다. 그럴 때마다 항상 하는 훈련이 있다.

"이 감정은 어디에서 오는가?"

　감정의 원인이 구조적 문제인지 개인의 문제인지를 깨닫는 게 처음에는 어렵다. 아무리 생각해도 사회에서 강조하는 각자의 길을 통해 다른 결괏값을 도출하는 게 적어도 내 머리로는 불가능하다. 그렇다고 단순하게 사회의 탓으로 돌리기에는 개인적 변수(노력, 시간, 재능)가 많다. 더군다나 결과 지향적 삶을 살아가라 종용당한 수많은 X세대와 MZ세대가 이 문제를 스스로 해결하기는 어렵다. 그렇기에 우리 대부분 평생 감정 장애를 겪고 있는지도 모르겠다. 싱가포르에서 내로라하는 외국인과 일하면서 항상 상대적 박탈감에 시달린 기억이 떠오른다. 경쟁 사회에 참여한 선수라면 스스로 만족하기 어렵다. 늘 '관중'을 의식해야 하기 때문이다. 2개의 카테고리는 결국 관중이 존재해야만 성립할 수 있는 질문이다. 현대사회에서 관중이 없으면 우리가 세운 대부분 계획이 무의미해진다는 사실을 깨닫게 되었을 때 그 당시의 씁쓸함은 이루 말할 수 없었다. 결국 '나'는 내 인생에서 존재하지 않았다. 나를 사랑하는 방법을 배운 적이 있던가? '각자의 길'을 따라 걷는다고 믿지만 모두 같은 종착지에 도착하는 씁쓸한 말로라면 그 원인을 개인이 아닌 사회의 구조적 문제로 바라보는 게 옳다. 하지만 사회적 문제로만 씁쓸한 말로를 벗어나기는 어렵다. 여전히 개인의 불안함은 남아있다. 그렇기에 자문했다.

"나를 사랑하는 방법은 없을까?"

'나를 사랑하는 방법'을 찾아가는 여정은 자연스럽게 감정의 출처를 이해하게 한다. 만약 다양한 감정의 원인이 사회의 구조적 문제로 발생했다면 이건 처음부터 내 문제가 아닌 거다. 지금, 이 순간도 과거로 변해 죽음의 세계에 가까워진다고 우리는 다가올 내일을 두려워하지 않는다. 이처럼 사회의 구조적 문제로 발생하는 불가항력적 불안함을 개인이 떠안아 하루하루 비싼 이자를 치르며 소비하는 시간은 너무나 아깝다. 결과 지향적 삶은 이러한 근본적 문제를 분탕질한다. 결과 지향적 삶에서 우리가 주인공이기 어렵기 때문이다. 결과는 늘 관중이 필요하다. 관중의 관심이 없으면 경기의 결과는 의미가 없다고 생각한다. 상대적 박탈감도 우리 인생에서 '관중'이 주인공이 되고 우리가 '손님'이 되기에 발생하는 문제다. 또한, 결과는 순간이다. 순간이기에 만족을 지속하기 어렵다. 만족을 지속하기 어렵기에 우리는 더욱더 강한 자극, 즉 높은 결과를 추구한다. 사회는 평생 우리에게 이처럼 가르친다.

"내가 주인공인 삶을 살아갈 수는 없을까?"

너무나 당연한 이야기지만 우리가 살아가는 발자취에 중심을 두라고 말하고 싶다. 우리의 발자취, 즉 '과정'은 관중이 필요치 않다. 관중은 과정에 관심이 없기 때문이다. 지금 당장 매스 미디어에서 침이 마르도록 칭찬하는 이를 살펴보라. 우리는 그들의 과정보다 결과만 보며 칭송한다. 그렇기에 상대방의 부러움과 동시에 상대적 박탈감에 빠지게 된다. 이처럼 과정은 누구도 거들떠보지 않는 올곧이 나로 채울 수 있는 공간이다. 오늘 멋진 결과를 내지 않는 한 관중은 존재하지 않는다. 개개인이 사회의 구조적 문제를 인지하더라도 목소리가 하나로 모이지 않는 한 사회의 구조적 문제를 해결하기 어렵다. 그렇다고 사회만 탓하며 결과 지향적 삶에서 쓸쓸함을 맛보는 우리를 불쌍하게 여긴다면 속절없이 흐르는 시간이 너무나 아깝다. 그렇기에 다른 이에게 방해받지 않고, 오직 나만이 알 수 있는 과정의 충실함은 결과 지향적 삶에서 벗어나 인생의 주인공으로 살아갈 수 있는 유일한 길이라 믿는다.

마지막으로,
경제를 이해한다면 '벼락거지'라는 신조어는

정말 이상한 용어다.

　주식의 제로섬 게임처럼 '벼락거지'가 많이 탄생할수록 동시에 '벼락부자'가 많이 탄생했다는 뜻이다. 대한민국에서 풍선효과와 비슷한 제로섬 게임을 해결하려면 도요토미 히데요시가 국가의 근심을 돌리려고 조선을 침략한 임진왜란처럼 타민족의 희생이 필요하다. 타민족의 희생이 없다면 대한민국 내에 진영을 나누어 서로 물어뜯기를 죽어라 해야 한다. 결국, 부동산과 주식으로 벼락부자가 많이 탄생해야 벼락거지가 발생한다. 문제는 작금의 투자 상황은 자기자본으로 이루어지는 게 아니라 대부분 대출을 받아 그대로 부동산과 주식에 옮겨지는 방식이다. 이로 인해 엄청난 신용창조가 발생함에도 시장에는 돈이 풀리지 않기에 시장이 불안하다고 느끼기 어렵다. 경제 범죄에서 흔하게 이용하는 게 폰지사기다. 돈이 마를 때까지 다른 이의 돈으로 상황을 모면하는 범죄다. 폰지사기의 말로는 돈이 마를 때이다. '벼락거지'라는 단어창조는 개인의 불안감을 자극해 폰지사기의 말로를 늦추기 위한 세력의 장난질이다. 또한, 신용창조가 무한대로 늘어나는 것은 불가능하다. 모든 이가 주식과 부동산으로 돈을 벌었다면 모두가 '벼락부자'이다. 이처럼 부를 쌓았다면 주식과 부동산을 현물화하지 않는 한 현재의 월급으로 버텨

가는 게 전부이다.

　그런 삶이 기성세대에게는 낙이었지만, 밀레니얼 세대에게도 행복인지는 의심스럽다. 과연 이러한 상황을 부자가 되었다고 말할 수 있을까? 현재의 월급이 변하지 않는 상황에서 아파트 가격이 모두 1억씩 올라갔다고 가정하자. 모두가 돈을 벌었다는 뜻은 그만큼 돈의 가치가 하락했다는 뜻이다. 하지만 아직 현물화하지 않았기에 시장에 돈이 풀리지는 않는다. 만약 이와 같은 수익이 시장에 풀리기 시작하면 돈의 가치 하락으로 자연스레 인플레이션이 올 수밖에 없다. 시장의 인플레이션으로 1억의 가치가 2021년 1억의 가치보다 낮다. 인플레이션은 갚아야 할 이자의 상승이다. 이자는 결국 오르지 않는 월급에서 충당해야 한다. 그렇기에 상대적으로 모두 다 돈을 번 것 같지만 결국 모두 같은 길을 걸었기에 특정 세력과 은행에만 좋은 일을 시킨다는 사실이다. 시간이 지날수록 인구의 씨가 마르는 대한민국에서 지금처럼 부동산 경기가 지속할 거라고 생각하는 것도 희망일 뿐이다. 결국, 벼락거지가 우리의 생각처럼 탄생해 수많은 밀레니얼 세대에게 상대적 박탈감을 선물하려면 남의 돈이 아닌 자기자본으로 주식과 부동산을 투자할 때나 일어날 수 있는 현상이다.

개중에 하나가 '벼락부자'가 된다고
부러워한다고

우리 모두가
'벼락거지'가 되지 않는다.

모두 각자의 길을 걸으면 벼락거지를 벗어나 나를 주인공으로 사랑할 수 있을까?

> "인간은 망각의 동물이지만
> 뇌는 우리의 행동을
> 절대로 잊지 않는다."

　국민학교 시절, 학교 주차장의 개념은 모호했다. 다들 자전거로 출퇴근하는 시절이라 자가용을 구경하기 어려웠기 때문이다. 2021년, 지금도 '자가용'이라는 표현을 쓰던가? 커다란 운동장에 먼지를 자욱하게 일으키며 검은색 웅장한 자동차가 굉음을 내며 학교에 등장했다. 어린 시절, 이처럼 깔롱한 디자인을 본 적이 없었기에 말로 표현할 수 없는 벅찬 감정을 지금도 잊을 수 없다. 당연히 교장 선생님의 차라 생각했다. 당시는 누구나 그렇게 생각했다. 평사원이 자가용을 몰고 회사로 출근하는 게 가능했던가? 반으로 자른 하키 스틱 끝에 검은색 절연테이프로 둘둘 말은 무적의 몽둥이를 우리에게 무차별하게 사용했던 '미친개'의 자가용이었다. 미친개라 부르며 그림자도 밟지 않았던 그 선생님, 미친개에게 찰진 귀싸대기는 아침 인사였고, 학생 허벅지에 문신처럼 새겨진 무지개색 멍은 그의 사랑이었다. 지금 생각해 보면

1987년, 고작 9살이었다. 1987년, 당시의 체벌이 2021년에 벌어진다면 아마도 모든 여론이 미친개를 가만두지 않겠지. 각설하고, 교장 선생님이 아닌 미친개가 차에서 내리는 순간 모든 장면이 느려지며 한 줄기의 빛이 그를 찬란하게 비쳤다. 두려움을 잠시 잊고 그에게 난 돌진했다. 그리고 물었다.

"선생님! 타고 온 자동차 이름이 무엇인가요?"
"스텔라인데, 그건 왜 물어보니?"

교장 선생님이 아닌 평사원이 타고 온 현대자동차에서 출시한 '스텔라'가 그렇게 멋지게 보였다. 사실 자동차보다 미친개가 다르게 보였다. 원하지 않는 사랑의 남발로 경계대상 1호였던 그가 멋지게 보였다. 당시에는 사람이 무엇을 지니고 있느냐에 따라서 다르게 느껴지는 감정을 이해하기 어려웠다. 더군다나 자동차가 부의 상징이라고 생각할 만큼 조숙하지도 않았다. 미친개가 어제와 다르게 느껴진 이유는 차에서 내린 사람이 예상했던 교장 선생님이 아니어서다. 프레임을 벗어난 사건은 비난과 동경을 동시에 선물한다. 사회를 구성하려면 사회에 어울리기 위한 시스템이 필요하다. 시스템은 초등학교 6년, 중학교 3년, 고등학교 3년, 그리고 대학교 4년을 통해 느리지만 확실하게 보편성을 전달한다. 인생의 행보에 따라서 평생 보편성에서 벗어나지 못하는 이도 있다. '대마불사(大馬不死)'라는 표현도 전형적인 보편성으로 이루어진 결과물이다. 보편성은 각 사회가 지닌 특성으로 오랜 시간 동안 교육과 경험을 통해 얻게 되는 귀중한 자산이다. 그렇기에 동질의 보편성 세력이 커질수록 물리적 한계를 벗어나 '이해와 공감'으로 하나의 큰 사회를 이루게 하는 힘을 형성한다. 강대국이 그토록 약소국에 원하는 게 '보편성의 통일'이다. 또한, 도덕과는 다른 의미로 보편성은 우리에게 옳고 그름을 가르친다. 하지만 각 집단의 보편성을 도덕으로 착각하면 수많은 분쟁을 일으키며 사회를 혼란스럽게 한다. 보편성이 문제라고 인식하는 것 자체가 사회성이 없다는 뜻일지도 모르겠다. 소비자 니즈를 파악해 수익을 창출하는 사회에서 보편성의 이해는 물리적 성공의 지름길이기 때문이다.

"선생님 너무 멋지네요!
저도 스텔라를 가질 수 있을까요?"

9살 인생에서 선생님은 인생의 해답을 알고 있는 신과 같은 존재였다. 그러니 고작 9살이다. 미친개의 하키 스틱까지 멋지게 보이기 시작했다. 정말 찰진 귀싸대기가 아침 인사처럼 달콤했고 허벅지에 문신처럼 박힌 수많은 멍이 사랑이라 느끼기 시작했다. 담임 선생님이 아니었기에 심지어 반까지 옮기고 싶었다. 스텔라가 없는, 어제까지만 해도 신과 같은 존재였던 담임 선생님이 초라하게 느껴졌다. 9살 인생으로 바라보는 세상은 모든 게 명확했다. 부의 차이가 태어날 때부터 다르고 노력만으로 원하는 것을 이룰 수 없다는 것을 알지 못했다. 그렇게 배운 적이 없기 때문이다. 성적표에 적힌 '등수'를 제외하고 모든 이의 출발점은 같다고 생각했다. 많은 이가 어른이 된 지금도 9살이 바라보는 관점처럼 출발점과 노력이 다르기에 결과물이 다르다는 사실을 애써 부정하려 한다. 인정하면 스스로 초라해진다고 느끼기 때문일까?

　서점에 널브러진 수많은 자기계발서의 제목만 보아도 충분히 이를 느낄 수 있다. 자기계발서 제목에 현혹되어 책을 구매하지 않았으면 한다. 제목이 자극적일수록 팥소 없는 찐빵이다. 그 안에서 속삭이는 게 무엇이든 잡을 수 없는 신기루일 뿐이다. 그렇기에 책을 구매하기 이전에 저자의 약력을 먼저 보라고 당부하고 싶다. 약력으로 그들의 출발점과 노력을 어렴풋이 느낄 수 있다. 이를 느끼면 자연스레 자기계발서를 읽어도 스스로 변화할 수 없다는 씁쓸함을 맛본다. 자기계발서를 집필한 저자의 삶은 자기계발서를 통해 변화하지 않았기 때문이다. 그렇다고 자기계발서를 읽지 말라는 게 아니다. 논픽션 서적 흥미의 출발은 자기계발서이다. 어렵지 않기 때문이다. 독서의 과정이 자기계발서를 읽지 않고 바로 인문학으로 발전하면 너무나 좋겠지만 꾸준하게 독서하기 어렵다. 독서는 서로 지닌 자산이 다르기에 세상의 결과물로 판단하는 게 어리석음을 깨닫게 하는 도구이다. 세상에서 칭송하는 결과물을 얻으려고 책을 읽는다면 독서라 말하기 어렵다. 이러한 복잡한 개념을 9살이 알 리가 없었다. 그동안 다른 이는 학교 운동장에 스텔라를 왜 가지고 오지 않았는지만 궁금할 뿐이다. 담임 선생님에게 물었다.

"선생님! 언제쯤 스텔라를 가질 생각이세요?"
"그런 질문하면 혼난다."

미친개의 스텔라는 하루 만에 모든 학생에게 관심의 대상이 되었다. 그만큼 충격적이었다. 하지만 학교 운동장에서 스텔라를 목격한 것은 그날 '하루'였다. 다음 날부터 다시 자전거로 출근하는 일상의 미친개로 돌아왔다. 나의 관심도 하루 만에 끝났다. 다시 9살 인생으로 돌아왔다. 동그란 딱지를 많이 보유한 친구와 '깜보'를 맺어 동네 원정을 떠날 생각뿐이었다. 동그란 딱지를 가지고 다양한 놀이를 했다. '파파먹기, 날려먹기, 꼬집어먹기' 그리고 한 번에 많은 딱지를 딸 수 있는 '높낮이 놀이'가 동네 원정의 백미였다. 예를 들어서, '숫자높'이라는 게임은 동그란 딱지에 적힌 숫자가 높은 사람이 이기는 게임이다. 가장 좋아한 높낮이 놀이는 '눈깔높'이었다. 동그란 딱지에 그려진 사람이 많으면 그만큼 눈이 많기에 이길 수 있다.

  스텔라를 가지고 싶은 마음도 사라졌다. 미친개의 하키스틱이 다시 두려운 물건으로 변했다. 일상으로 돌아왔다. 왜 하루 만에 스텔라가 사라졌는지 궁금해하지 않았다. 하루 만에 관심사가 변할 수 있다는 사실이 비단 9살이기 때문일까? 2021년 대한민국, 일회성 관심사에 집중하여 오늘을 기억하며 즐기라고 종용한다. 오지 않은 미래의 일을 고민하기에는 삶이 너무 버겁다 설득한다. 그렇기에 단기성 목표에 치중해 짧은 노력으로 남은 인생을 영유하려는 일회성 관심사가 폭발적으로 증가하고 있다. 하지만 오늘을 버티기 위한 일회성 관심사가 미래를 보장하지 않는다. 비단 대한민국에서만 일어나는 일이 아니다. 정보화 혁명으로 전 세계의 젊은 세대는 아이러니하게도 비슷한 감성을 지닌다. 그 어떤 시대보다 새로움을 추구하라 역설하지만 밀레니얼 세대는 프레임에서 벗어나 생각하기 어렵다. 무엇이 필요할까 싶을 정도로 모든 것을 구비한 세상이기 때문이다. 자연의 법칙을 거스르는 문명의 발전이 밀레니얼 세대에게 더는 의미가 있나 싶다. 이대로 문명의 발전이 멈추어도 괴로운 밀레니얼 세대가 있을까? 혁신은 결핍에서 비롯된다. 충족과 풍요로움을 지나 잉여의 시대에 살고 있는 대한민국 젊은이, 복잡한 과정은 AI에게 맡기고 단순하게 살아가라 말하는 시대에서 다양한 일회성 관심사에 지쳐 갈 길을 잃어간다. 다른 감성을 지닌 장인 정신이 그리운 2021년이다.

> "선생님! 스텔라를 다시는 볼 수 없나요?
> 그럼 전 동그란 딱지 왕자가 될 거예요!"

인간은 망각의 동물이다. 동그란 딱지 왕자가 되는 삶을 포기한 지 30년이 넘었다. 살아온 발자취를 모두 기억하지 않기에 미래의 희망을 품고 살아갈 수 있다. 그렇기에 인간은 같은 실수를 반복한다. 투기성 상품에 눈이 멀어 막대한 손실을 보아도 다시 자본금을 모아 같은 행위를 한다. 범죄를 저질러 그만큼 자숙 기간을 보냈음에도 다시 범죄를 저지르는 경우가 허다하다. 이혼의 아픔을 딛고 재혼을 선택한다. 고통스러운 다이어트 날을 잊은 채 폭식하기에 예전으로 돌아간다. 시간이 지나면 자연스레 관련한 고통을 잊기 때문일까? 시간이 모든 것을 해결해 줄까? 인간의 망각은 같은 실수를 하더라도 미래의 희망을 품기 위한 신께서 주신 선물일까? 그렇지 않다. 우리의 흔적은 고스란히 남아있다. 인간의 자유의지로 선택하고 결정하는 행동이 실제로는 뇌파의 자극으로 인한 무의식적인 행동이라 설명하는 뇌과학에서 유명한 '리벳 실험'이 있다. 예를 들면 내가 글을 통해 MZ세대와 소통하고 싶다는 의지 역시 무의식적인 뇌파의 지시로 시작한 프로젝트라는 뜻이다. 인간의 마음 자체를 부정하는 내용이라 받아들이기 어렵다. 하지만 확실한 한 가지 사실이 있다.

> 난 글쓰기를 싫어했다.
> 그럼에도 글을 쓰고 있다.

기억을 잃어도 우리는 뇌가 기억하는 '자연스러운 나'로 회귀한다고 생각한다. 그렇기에 '자연스러운 나'로 회귀하는 과정이 무엇인지 이해하는 게 중요하다고 MZ세대에게 당부하고 싶다. 뇌의 연산 과정에서 망각의 늪에 빠져 길을 잃었다면 '자연스러운 나'를 기억하라고 말하고 싶다. 그래야 변화할 수 있다. 본능에 충실한 삶을 좇는 것조차 스스로 편한 상태로 돌아가려는 뇌의 지시일지 모른다. 인간은 망각의 동물이지만 뇌는 우리의 행동을 절대로 잊지 않는다. 만약 인간에게 자유의지가 없다면 세상에서 칭송하는 물리적 성공의 여부는 뇌가 무의식적으로 무엇을 시키느냐에 달려있다는 뜻이다. 반복적으로 원하는 이상향을 좇는 훈련으로 '자연스러운 나'를 변화할 수 있다고 믿는다. 그렇기에 미래를 그리지 않고 오늘 할 수 있는 일에만 집중하면 뇌는 자연스레 미래를 위한 오늘의 발자취를 설계하지 않는다. 삶의 실패에 대한 자기합리화조차 그렇게 살아왔기에 이루어진 뇌의 지시라면? 너무나 슬프지 않은가?

다만,
'이상향을 좇는 훈련'의 기간을
우리가 정할 수 없다는 게 함정일지도.

"자존감과 자존심의 미묘한 줄다리기"

마른하늘에 날벼락이 친 것처럼 하루가 다르게 변하는 요즘, 뜻을 품고 강직하게 움직이려면 시대가 던지는 통념의 비웃음을 딛고 묵묵하게 견뎌내야 한다. 하지만 우리는 평범하기에 시대가 던지는 통념의 비웃음을 벗어나려 스스로 타협하며 살아가는 게 슬기롭다고 자기암시를 건다. 어른이 되어가는 과정 중 하나라는 사실이 씁쓸할 뿐이다. 시대의 통념과 미묘한 줄다리기로 정체성을 유지하려 노력하지만, 통념의 비웃음은 한발 빠르게 우리의 정체성을 비웃곤 한다. 한마디로 시대의 통념을 이기기 어렵다는 뜻이다. 마음 편하게 시대의 통념에 편승해 주류가 강조하는 생각을 전달하는 게 어찌 보면 나의 일일지도 모르겠다.

그렇기에 오늘도 난
자존감과 자존심의

**미묘한 줄다리기로
다음 발걸음을 힘겹게 내딛는다.**

초등학교 시절, 삼국지에서 관우, 장비, 유비가 도원결의를 맺은 것처럼 어린 시절부터 지금까지 나만의 통념이라 믿는 사자성어가 있다. 현재는 얼어버린 가슴 한편에 남아 다시 한번 불을 지펴주기 바라며 기나긴 겨울을 견디면서 나를 기다린다.

**호연지기(浩然之氣)
: 세상에 꺼릴 것 없는 크고 넓은 도덕적 용기**

초등학교 도덕 시간에 선생님의 입을 통해 맹자가 말씀한 '호연지기(浩然之氣)'가 지금까지 남아서 삶을 이끄는지 고민한다. 오랫동안 부끄러운 삶을 살았기 때문이다. 도덕적 용기가 없었기 때문이다. 큰 기개를 잊었기 때문이다. 도의를 멀리하고 늘 흔들리는 삶을 살았기 때문이다. 그렇게 어른이 되어간다고, 누구나 다 그렇게 산다고 모른척해서다. 오늘도 수많은 인생의 타협점에서 통념의 기준으로 최선의 결과가 무엇인지 고민한다. 흘러가는 시간, 세월(歲月)은 통념을 만나는 공간이다. 시간이 흐를수록 거대한 통념에 짓눌려 초심을 유지하는 게 미련하다고 생각한다. 누구나 초등학교 시절에는 이타심으로 가득 찬 꿈이 있다. 세월(歲月)의 가르침으로 이타심이 이기심에서 개인주의로 변해간다. 세월(歲月)의 가르침은 세상에 내던져진 이유를 더는 고민하지 않게 한다. 글을 쓰는 이유는 통념의 비웃음에 대항해 세상에 내던져진 이유를 고민하고 싶어서다. 그렇다고 통념의 비웃음에 타협한들 행복할 리 만무하다. 그 또한 어른이 되면서 깨닫게 되는 너무나 슬픈 사실이다.

> 그렇기에 오늘도 난
> 자존감과 자존심의
> 미묘한 줄다리기로
> 다음 발걸음을 힘겹게 옮긴다.

하늘과 땅 사이에서 가득 찬 기운을 보여주고 싶은 마음에 큰 곳에 나아가려던 때도 있었다. 껍데기로 살아갈지언정 그 무리에 속한 나를 위로하면서 애써 호연지기(浩然之氣)를 멀리한 적도 있었다. 하지만 거침없이 넓고 큰 기개를 펼치는 게 무대의 크기와 상관없다는 것을 서서히 알게 되었다. 하지만 모른 척하고 싶었다. 눈에 보이지 않으면 마음에서도 멀어지는 것처럼 문제점은 멀리할수록 무뎌진다. 자존심으로 나를 합리화했다. 하지만 자존심을 세울수록 자존감이 떨어지는 비참한 기분을 어찌 설명할 수 있을까?

> 그렇기에 오늘도 난
> 자존감과 자존심의
> 미묘한 줄다리기로
> 다음 발걸음을 힘겹게 내디딘다.

MZ세대에게 자존심을 지키는 것과 자존감을 만나는 길이 같은 줄기에서 시작하는 게 아니라 말하고 싶다. 자존심은 무지에서 비롯된 자기방어 기능이다. "나는 무지하다."라는 문장을 스스로 적용하기 힘들다면 십중팔구 자존심이 강한 사람이다. 구체적인, 합리적인, 그리고 논리적인 자기 근거 없이 통념에 근거해 떠드는 많은 이가 자존심이 강한 사람이다. 상대방의 지적 수준 차이를 느끼지 못하고 왜곡된 논리로 권위에 맹목적인 비판을 일삼는 자라면 자존심이 강한 사람이다. 쓴소리를 싫어해 배우기를 주저한다면 자존심이 강한 사람이다. 삶의 변화는 과거의 행동을 통해 예상할 수 있다. 행동 변화는 고된 훈련과 노력으로만 가능하다. 고통의 과정 이해 없이 마음만 먹으면 뭐든지 할 수 있다고 생각한다면 역시 자존심이 강한 사람이다. 나 역시 자존심이 강하고 오만하기에 이 범위를 벗어나기 어렵다.

> 그렇기에 오늘도 난
> 자존감과 자존심의
> 미묘한 줄다리기로
> 다음 발걸음을 힘겹게 움직인다.

자기방어의 출발로 탄생한 자존심은 자신을 보호하기 위한 메커니즘이다. 방어기제의 원료가 충동과 감정이기에 더욱더 위험하다. 충동과 감정으로 이루어진 선택이 좋은 결과물을 만든 사례를 아직 본 적이 없다. 충동과 감정으로 탄생한 자존심을 선택한 사람은 결실을 보기 위해 노력을 수반하는 고된 과정이 있다는 것을 알기 어렵다. 정치에서 '포퓰리즘'이 사라지지 않는 이유다. '좌파, 우파' 가릴 것 없이 포퓰리즘을 일삼는 게 현실이다. 포퓰리즘은 인간의 충동과 감정을 자극해 비이성적 행동을 유발한다. 정치와 포퓰리즘은 불가분의 관계이다. 정치는 거시적인 관점으로 동일한 정책을 유지하는 게 어렵거니와 '충동과 감정'을 배제한 정치는 세상에 존재할 수 없기 때문이다. 즉, 단기적인 이슈에만 관심을 보이는 인간의 본능을 이끄는 최선의 행태가 포퓰리즘이다. 결국, 포퓰리즘의 탄생은 자기방어를 악용한 집단이 모여 관심을 표출하는 거대한 자존심 덩어리다. 그러니 정치판이 시끄러운 것이다. 충동과 감정으로 시작한 선택의 결과물이 좋을 리가 없지 않은가?

> 그렇기에 오늘도 난
> 자존감과 자존심의
> 미묘한 줄다리기로
> 다음 발걸음을 힘겹게 따라간다.

"표현하는 생각이 다르기에 살아가는 방식이 다르다."를 세상의 진리인 것처럼 떠들며 MZ세대에게 마음 좋은 젊은 꼰대로 대접받으려는 수많은 40대를 만난다. 그들에게 정말 묻고 싶다. 표현하는 생각이 다르기에 살아가는 방식이 다르다면 어떻게 수많은 비즈니스가 성공할 수 있는지? 표현하는 생각이 다르기에 살아가는 방식이 다르다면 어떻게 코로나 바이러스로 인해 대다수가 우울해지는지? 표현하는 생각이 다르기에 살아가는 방식이 다르다면 어떻게 약속한 것처럼 부동산과 주식에 미칠 수 있는지? 동일한 고등교육을 받은 한국인이 정말로 살아가는 방식도 표현하는 생각도 다를 수 있는지? 그렇다면 특별한 당신의 생각은 어디에서 오는지? 결론적으로 이처럼 말하는 당신은 남들과 다르게 살아야 하지 않는가?

> 그렇기에 오늘도 난
> 자존감과 자존심의
> 미묘한 줄다리기로
> 다음 발걸음을 힘겹게 뗀다.

　자존심이 자존감으로 변하는 길을 나 역시 찾는 중이다. 오만함에 가려 길을 잃어버린 기분이다. 다만 살아가는 방식과 표현하는 생각이 확고하다면 자존감으로 인도하는 첫 번째 문을 살포시 열지 않았나 싶다. 눈을 감고 귀를 닫아 무지로 점철된 일방적인 방향 역시 살아가는 방식과 표현하는 생각이 확고하다고 느낄 수 있다. 하지만 그들은 자존감을 만나기 어렵다. 외부적 환경을 문제 삼아 자기방어하기 바쁘기 때문이다. 사실, 문제를 키우거나 제거하는 근본적 원인은 변수(외부 요소)가 아니라 상수(자신)다. 무지를 인정하고 배움을 통해 세상에 내던져진 이유를 찾는다면 삶의 방향이 평범하고 남들과 비슷하더라도 이는 자존감을 만나는 길이라 믿는다. 평범하지만 확고한 삶의 가치관을 지닌 사람과 함께라면 본연의 향기에 취해 헤어나오지 못할 것 같다. 물질만능주의 잣대로 삶의 결과를 일률적으로 평가하는 이 땅에서 자존감을 찾는 과정이 그리 중요하냐고 반문할지 모르겠다. 하지만 이 과정으로 문제를 키우거나 제거하는 근본적 원인이 변수(외부 요소)가 아니라 상수(자신)라는 사실을 알게 한다. 자존감을 만나는 여정은 호연지기(浩然之氣)로 향하는 수신(修身)의 첫 번째 걸음이라 믿는다.

> 그렇기에 오늘도 난
> 자존감과 자존심의
> 미묘한 줄다리기로
> 다음 발걸음을
> 난 응원한다.

"타인의 설국열차 탑승과 레버리지(Leverage) 무임승차권"

 습관적으로 눈을 뜨면 기사를 검색한다. 새로운 소식이 놀라울 만큼 매일 쏟아지는 현실을 접한다. 사회를 구성하려면 얼마나 다양한 사건에 관심을 쏟아야 하는지를 어렴풋이 느낄 수 있다. 단조로운 나의 일상에서는 상상하기 힘든 놀라울 정도로 다양한 사건이 대한민국의 현재를 이끈다. 언론사마다 조금은 다른 사건을 조명한다. 같은 사건도 정치적 성향에 따라 바라보는 시각이 다르다. 언론사에서 뿌리는 수많은 사건으로 세상의 다양성을 증명하지만 각 언론사는 스스로 선택한 다양성에서 벗어난 사건을 다루지 않는다. 본능적으로 세력을 만들어 둥지를 틀고 싶은 게 사람의 마음이다. 걸어온 길에 애정이 많을수록 보상받고 싶어 하는 게 응당 사람의 마음이다. 가끔 우리는 타인에게 무리한 요구를 한다. 발전을 위해 혁신을 역설한다. 하지만 혁신의 신선함도 시간이 흐르면 단조로운 테두리에 갇혀 혁신이라는 허울만 남는다. 100년도 살지 못하는 인간에게 평생 새로움을 강조하며 혁신하라 요구하는 게 처음부터 무리이지 않을까? 이처럼 안착한 둥지에서 머물고 싶은 마음이 사람의 본성이다. 그렇기에 생각의 차이로 머무르는 공간도 모두 다르다. 우리가 머무르는 공간이 타인의 눈에는 썩은 냄새가 진동해 사라져야 할 장소라 여길지도 모른다. 생각의 차이로 머무르는 공간은 인생의 숲에서 중간 과정에 불과하다. 너무 나무라지 말자. 그 공간이 다를지라도 모든 인간의 귀결점은 같아서다. 그 공간이 행복을 줄 수 있다고 믿기에 머무르는 게 아닌가? 모두 다 행복을 꿈꾸고 타인이 혐오하는 썩은 냄새가 진동하는 곳에서 인생을 허비하기에 사회는 균형을 이룬다.

    놀라울 만큼 행복하거나

    놀라울 만큼 분노하거나

    놀라울 만큼 슬프거나

    놀라울 만큼 서럽거나

    놀라울 만큼 끔찍하거나

    그러한 일이 내게 일어나지 않음을

    항상 평온한 나의 일상을 감사하려고

그렇게 난 누군가의 '사연'으로
위로받을지도

    알고 싶지 않은 내용까지 강제로 접하는 정보화 시대의 메커니즘에 머리가 지끈거린다. 하지만 결국 무분별하게 노출된 내용을 클릭해 읽어보는 과정은 올곧이 나의 행동이기에 얼마나 위선적인지 깨닫는다. 레버리지(Leverage) 전략으로 2021년 대한민국이 들썩인다. 레버리지(Leverage) 전략은 자기자본만 활용한 투자 수익의 한계를 초월하고자 부채로 수익을 극대화하는 전략이다. 레버리지(Leverage)라 이야기하면 어렵고 생소한 용어일지 모른다. 2021년, 대한민국 MZ세대에게 가장 핫한 키워드 '빚투'가 전형적인 레버리지(Leverage) 전략이다. 이러한 여론을 조성하는 일등공신은 당연히 매스 미디어다. 하루가 멀다 하고 빚투를 종용한다. MZ세대는 인류에게 마지막 남은 설국열차에 탑승하지 않으면 황폐한 지구에서 서서히 죽을지도 모른다는 공포감에 휩싸여 레버리지(Leverage) 승차권을 쥐며 무임승차하기 바쁘다. 설국열차에 무임승차하면 마음이 편해질까? 이미 탑승한 기득권과 어울리지 못하여 바퀴벌레가 원료인 양갱을 먹으면서 기득권의 자리로 가기를 희망하며 자기 처지를 원망할지 모른다. 기득권을 단지 기성세대라 오해하지 않았으면 한다. 나이와 관계없이 기득권은 특정 힘을 지닌 집단의 구성원이다. 기득권이 레버리지(Leverage) 승차권을 지닌 MZ세대의 무임승차를 방조하는 이유를 알았으면 한다.

설국열차에 무임승차하지 않으면
양갱을 먹지 않으면
설국열차가 마지막 대안이 되지 않으면

불행의 꼬리가 자라날 것 같지만

사실은
설국열차에 탑승하지 않아도
양갱을 먹지 않아도
설국열차가 마지막 대안이 되지 않아도

아무 일도 일어나지 않는다.

'불행의 꼬리'는 처음부터 그들이 만들어 낸
망상에 불과하니까.

양날의 검인 레버리지(Leverage) 전략은 인생에서 중요한 무기이다. 방향이 중요하다. 설국열차에 탑승하려고 준비한 레버리지(Leverage) 승차권이 문제라 말하기 어렵다. 단지 레버리지(Leverage) 승차권을 타인의 설국열차에 탑승하려고 사용하기에 문제이다. MZ세대 중 처음부터 기득권 자리에 탑승할 수 있는 자라면 마음껏 레버리지(Leverage) 승차권을 활용해 타인의 설국열차에 탑승하라 말하고 싶다. 하지만 물리적으로 힘든 MZ세대라면 지금부터 젊은 꼰대의 이야기를 들어주기 바란다. 학교에서 공부한 내용과 사회에서 겪는 경험은 많은 차이가 있기에 자연스레 성인이 되면서 공부한 모든 게 사회에서 쓸모없다고 생각할지 모르겠다. 그렇기에 고리타분한 책의 내용을 멀리하고 당장 도움이 될만한 달콤한 소리꾼 이야기에 귀를 기울일지도 모르겠다. 그건 각자 선택할 몫이다. 성인이지 않은가? 다만 우리가 움직이는 방향이 스스로 결정한 선택인지 자문했으면 한다. 불안감의 주요인이 외부적 환경으로 이루어졌다면 십중팔구 타인의 설국열차에 무임승차한 상태이다. 빚투는 단지 부동산과 주식에서만 열일하는 게 아니다. 빚투는 불안함이 양성한 욕망 덩어리다. 수많은 곳에서 우리의 욕망을 자극하는 다양한 설국열차를 양성 중이다. 불안감을 인질로 삼아 타인의 설국열차에 오르게 하는 수많은 레버리지(Leverage) 승차권은 MZ세대에게 자아실현을 포기하고 하나의 길로 가도록 종용한다.

> 설국열차를 창조한 자는
> 자아실현을 위해
> 학교에서 배운 내용을 활용한다.

> 인간은 편한 것을 선호한다.
> 인간은 노력하기를 싫어한다.
> 인간은 일하기를 싫어한다.
> 인간은 욕심이 많다.
> 인간은 비이성적으로 행동한다.

타인의 자아실현 덩어리인 설국열차에 무임승차해 평생 불안감에 시달리지 않으려면 레버리지(Leverage) 승차권으로 무엇을 하느냐가 중요하다. 2021년 대한민국은 '부캐' 만들기가 열풍이다. 부캐는 '부 캐릭터'에 줄임말로 롤플레잉 게임에서 '메인 캐릭터'로 활동하기 힘들 때를 대비하여 만든 부수적 캐릭터이다. 타인의 설국열차에 무임승차했다면 부캐를 만들려는 야심의 방증이다. 이처럼 현실에서 본업과 동시에 다른 업으로 부가적 수익을 올릴 수 있다고 믿기에 부캐를 도전하는 수많은 MZ세대를 만난다. 부캐를 형성해 부가적 수익을 올리려는 행위가 나쁘다고 말하는 게 아니다. 다만 이들에게 현실에서 부캐를 만들기 전에 진지하게 롤플레잉 게임을 해보라 권하고 싶다. 롤플레잉 게임에서 부캐를 만들고 싶다면 대략 2가지 이유여서다. 메인 캐릭터로 업그레이드가 힘들거나 메인 캐릭터를 잘못 키웠을 때다. 만약 '무과금'으로 더는 메인 캐릭터로 업그레이드가 힘든 전투력이라면 이들은 부캐를 키울 생각을 하지 않는다. 최상의 전투력을 만들려고 강화서를 몇 개월 동안 모으고 수많은 강화 실패로 마음 졸이며 플레이했던 만고의 시간을 다시 겪고 싶지 않기 때문이다. 그리고 무과금 유저는 현실적으로 최상의 전투력을 보유하기도 어렵다. 일정 이상이 지나면 무과금 영역에서는 꿈도 꾸기 힘든 전투력이 존재하기 때문이다. 그렇기에 막강한 부캐를 만든 플레이어라면 처음부터 막강한 본캐(메인 캐릭터)를 가지고 있다는 뜻이다. '막강한 본캐'를 가진 플레이어의 투자한 시간과 엄청난 과금이 있었기에 '막강한 부캐'가 탄생할 수 있다. 결국, 무과금으로 부캐를 꿈꾸는 플레이어 대부분 처음부터 메인 캐릭터를 잘못 키웠기에 다시 본캐를 키우는 셈이다. 처음부터 이들에게 부캐는 존재하지 않는다. 현실도 이와 똑같다.

롤플레잉 게임에서

'막강한 본캐'를 키운 경험이 없다면
'막강한 부캐'를 키울 수 없다.

현실도 이와 똑같다.

일반적으로 '재테크'에서 수익을 올리고 싶을 때 레버리지(Leverage) 전략을 공부하거나 활용한다. 인생에서 레버리지(Leverage) 전략을 쓸 기회는 많지 않다. 너무나 위험해서다. 그만큼 위험한 생각을 우리는 부캐를 키우는 데 활용하고 있다. 많은 이가 재테크로 부가적인 수익을 창출하고 싶어 한다. 진실은 본업보다 몇 배의 수익을 창출할 수 있다는 달콤한 유혹에 빠져서다. 삶에서 위험을 가장 많이 감수하는 선택이 그게 무엇이든지 자연스레 본업으로 변한다. 재테크라 말하고 사실 그 자체가 본업이다. 실제 본업에서는 인생을 바꿀 수 있는 레버리지(Leverage) 전략을 활용하지 않는다. 너무나 아이러니하지 않은가? 기사에서 재테크로 성공한 수많은 이를 다시 한번 주목했으면 한다. 이들의 '부캐'는 처음부터 '본캐'이다. 즉 본캐와 부캐를 구별하기 어렵다는 뜻이다. 본업으로 일정 이상의 성과를 거두지 않은 상황에서 재테크로 관심을 돌린다면 그만큼 본업의 성장은 더뎌진다. 또한, 자존감도 만나기 어렵다. 현실은 게임처럼 리셋해서 본캐를 다시 키우기 어렵다. 너무나 젊고 아름다운 MZ세대가 무엇에 중심을 두고 레버리지(Leverage) 전략을 활용해야 할지 진지하게 고민했으면 한다.

많은 이가 '부캐'를 위해 인생을 걸고 있다.
인생에서 레버리지(Leverage) 전략을
단 한 번 쓸 수 있다면?

방향의 문제이다.

다른 이가 만들어 놓은 불안감으로
다른 이의 기쁨을 위해 살아가지 않았으면 한다.

우리에게 주어진 삶의 기회는
한 번뿐이다.

> "건강한
> 유채색 스트레스가
> 오늘 하루
> 당신과 함께 하는가?"

지역별 사회적 거리 두기 조정으로 섞이지 않아도 그 자체로 아름다움을 표현하는 유채색 웃음 향기가 가득한 젊음의 카페에서 잠시나마 나를 지운다. 카페의 은은한 조명이 아름다운 웃음 향기와 섞여 인테리어를 완성한다. 공간의 미가 사람이 존재하지 않을 때 가치를 지닌다면 이미 작품이기에 다가가기 어렵다. 가끔 용도를 고려하지 않아 사람의 존재가 오히려 미관을 해치는, 관상용으로 만든 공간에 머무르면 나도 모르게 눈살을 찌푸린다. 각종 집기의 용도와 이를 배치한 존(zone)만 얼핏 보아도 공간을 조성한 디자이너가 사람을 고려했는지 대번 알 수 있다. 카페가 그 자체로 발아해 유채색의 수많은 젊음을 담을 수 있는 공간이었으면 한다. 날카로우며 상쾌한 커피 향을 머금고 이들을 바라보면 나도 모르게 기분이 좋아져서다. 목소리 톤과 성량이 다르고, 삼삼오오 모여 이야기하는 주제도 다르다. 당연하다 생각하는 자연의 진리를 위배해 다른 시각으로 바라보니 젊음의 향기는 너무나 진했다. 무채색 사회에 발을 담그면 감추기 힘든 이들의 진한 향기도 서서히 사라질지 모른다. 마음이 착잡했다. 이를 '사회화'라 생각할지 모르겠다. 그런데 사회화가 되어도 원하는 보상을 얻으려면 결국 하룻강아지 시절의 향기를 지속해야 한다.

하룻강아지 시절의 향기를
지속해야만 무채색이 가득한 공간에서
사랑받을 수 있다.

공간을 유채색으로 만들어
사람의 향기를 지우지 않았으면 한다.
욕심이 보이기에 추하다.

그곳이
사람의 진한 향기로 가득하다면
드러내지 않아도 저절로 드러나니까.

하룻강아지의 거칠고 투박한 진향 향기를 유지하려면 사

회의 비난을 감수해야 한다. 사회의 비난을 감수하며 향기를 지속한다는 게 다른 시각으로 바라보면 미련하고 무지한 행동이다. 다듬어지지 않았기에 허점이 너무나 많고 허점이 너무나 많기에 지탄의 대상이 되고 지탄의 대상이 되기에 스스로 자기 향기를 지우려 노력한다. 스스로 향기를 지우는 게 미련하고 무지한 행동에서 벗어나는 길이라 믿게 하는 무채색 사회의 조언이 강력하게 압박해서다. 이게 사회화 과정이다. MZ세대가 무채색 사회에서 '사원, 주임, 대리'로 인생을 마무리하고 싶다면 이런 사회화는 정말 추천하고 싶다.

    삶을 영유하는 기회는 한 번뿐이지만 인생은 길다. 20대와 30대가 겪는 사회화가 40대를 지나서도 통용할 수 있는지 사실 잘 모른다. 기껏해야 나 역시 자기 향기를 지속하려고 노력하는 40대 애송이다. 하지만 20대와 30대에서 배웠던 인생의 쓴맛이 40대를 지나 행복을 줄 수 없다는 사실 정도는 알 수 있다. 20대와 30대가 겪는 삶의 고통은 대부분 구조적 문제(외부적 환경)라서다. 문제는 다듬어지지 않은 향기로 구조적 문제(외부적 환경)를 해결하려 달려든다. 그렇기에 무채색 사회의 거대한 벽을 절감하여 백전백패다. 사회의 갓 진출한 MZ세대는 기득권이 형성한 무채색 사회를 이해하기 어렵다. 학교에서 성실하게 배운 지식이 쓸모없다고 느끼게 하는 인생의 첫 쓴맛이 기득권이 형성한 무채색 사회의 놀라운 업적이기에 존경스럽기까지 하다. MZ세대에게 무채색으로 살아가라 종용하는 기득권은 아이러니하게도 무채색으로 살아가지 않는다. 그리고 이들이 만들어 놓은 규칙을 따르지도 않는다. 더욱더 슬픈 사실은 학교에서 성실하게 배운 지식을 유감없이 사용하여 MZ세대에게 현실과 학교는 다르다고 말한다. 그렇게 다시 사회를 공부하라고 종용한다.

매트릭스 안에서 살아가는 게
잘못된 선택은 아니다.

선택 자체는
옳고 그름이 없다.
다만,
매트릭스 밖을 절대로 궁금해하지
않아야 한다.

입을 막고
귀를 닫고
눈을 감을 수 있다면

그것 또한 놀라운 능력이겠지.

노력해도 무채색 사회에서 원하는 바를 이루기 어렵다면 자기 향기가 거의 사라진 상태다. 자기 향기를 지우며 사회화하는 시간과 열정이 식어가는 시간은 비례하지 않는다. 사실 이게 문제다. 사회화하는 과정을 신봉할수록 돌아오는 보상이 크다고 믿기에 열정은 아이러니하게 더욱더 불타오른다. 하지만 열정은 결국 꺼진다. 자기 향기가 없는 이에게 지속할 수 있는 열정은 처음부터 없다. 동기부여를 지속할 수 있는 열정조차 기득권이 심어준 최면일 뿐이다. 강력한 최면도 언젠가는 깨어난다. 최면에서 깨어나면 완벽하게 사회화가 되지도 열정이 남아있지도 않은 어중간한 상태다. 그러니 보상이 있을 리 만무하다. 그때가 오면 만난 적 없는 기득권을 원망할 수 있을까? 우리는 도대체 그들의 향기로 가득 찬 매트릭스 안에서 무엇을 기대하고 있었을까?

유리가 사방에 뿌려진 공간을 초대권도 없이 순진하게 맨발로 진입한 우리 탓일지도 모른다. 유리에 찔린 피투성이 맨발을 인생의 값진 경험이라 맹신하여 다음 세대 역시 유리에 찔릴 때까지 방조한다. 신발까지는 바라지도 않는다. 최소한 양말은 신으라고 이야기해야 하는 것 아닌가? 그래 양말을 신어라. 부탁이다. 스스로 공간을 만들 수 있다면 너무나 행복하겠지만 확률적으로 힘들다. 의지와 관계없이 대학교를 졸업하면 기득권이 미리 만든 무채색 사회에 진입해야만 한다. 무채색 사회 자체가 기득권의 유채색 향기다. 답은 이미 정해져 있다. 성숙한 자기 향기로 무채색 사회에서 '숍인숍(shop in shop)'을 조성해야 한다. 우리만 빼고 기득권 모두 그렇게 살아간다. 그렇기에 건강한 유채색 스트레스로 오늘 하루를 함께하는 게 자기 향기를 성숙하게 하는 첫 번째 걸음이다.

과거와 비교해
모든 게 변했다.
물건도
시스템도
사람의 생각도

그런데 왜 여전히
사회를 진입할 때 아픔은
예나 지금이나 같을까?

양말을 신어라.
부탁이다.

건강한 유채색 스트레스는 자기 향기를 성숙하게 하는 인생의 나침반이다. 시중에 널리 알려진 소소한 계획을 세워 성취하는 과정으로 얻을 수 있는 보상은 건강한 유채색 스트레스와는 관계가 없다. 매일 아침 운동을 하고, 금연과 금주로 생활습관을 변화하고, 한 달에 4권의 책을 읽고, 취업과 이직을 위해 자격증 공부를 하거나, 졸업을 위해 영어점수를 만들거나, 1년 동안 천만 원을 모으거나, 이러한 행동은 건강한 유채색 스트레스가 아니다. 건강한 유채색 스트레스가 없을 때 이루어진 계획과 보상은 자기 향기 발전으로 이어지지 않는다. 중심을 잡는 최종 결정권자가 부재했기 때문이다. 조직을 구성하는 사람의 생각은 다들 다르다. 그런데도 조직이 순방향으로 움직인다면 최종 결정권자가 중심을 잡아 이끌어서다. 건강한 유채색 스트레스는 모든 행위를 결정하는 나침반 역할을 하기에 스스로 세운 계획의 최종 결정권자이다. 만약 단기적 목표가 건강한 유채색 스트레스와 만난다면 소소한 계획은 따로 놀지 않는다. 건강한 유채색 스트레스는 소소한 계획으로 이룬 모든 보상을 자기 향기를 성숙하게 하는 하나의 길로 이어주는 이정표 역할을 한다. 그렇기에 건강한 유채색 스트레스는 일반적으로 보상을 얻기 위해 노력하는 과정에서 일어나는 스트레스와 관계가 없다. 보상을 얻기 위해 노력하는 과정에서 발생하는 모든 스트레스가 부정적이지는 않다. 일을 해내려면 긍정적 스트레스가 많아야 하기 때문이다. 하지만 긍정적 스트레스가 성과를 만들어 하나의 길로 이루어지려면 건강한 유채색 스트레스가 있어야 한다. 그렇기에 긍정적 스트레스와 건강한 유채색 스트레스는 질적으로 다르다.

**건강한 유채색 스트레스를
시중에서는 이렇게 부른다.**

철학(philosophy) 또는 비전(vision)

기득권의 1세대는 모두 이와 같은 과정을 밟았다. 예외는 없다. 그들도 다른 기득권이 만든 무채색 사회에서 맨발로 진입한 우리와 다를 게 없다. 엄밀히 따지면 우리 모두 1세대이지 않은가? 그렇기에 기득권 안에서 태어난 2세대의 성공 루트가 우리에게 통하지 않는 이유다. 건강한 유채색 스트레스를 배제한 스치듯 사라지는 물리적 성공을 수도 없이 목격했다. 여러분은 아직 젊다. 왜 그들의 전처를 그대로 따라가려 하는가? MZ세대는 그 어떤 세대보다 배우려는 의지가 강하다고 생각한다. 그렇기에 그 배움의 끝이 어디를 향하는지 꼭 확인했으면 한다. 40대만 지나도 과거의 미숙한 행동을 자책하여 식어 버린 심장을 부여잡고 가슴을 치며 다시 뛰라고 울부짖는다. 하지만 한번 죽은 심장은 다시 돌아오지 않는다. 그렇기에 40대 이후에도 심장박동이 활화산처럼 폭발하려면 40대 이전에 건강한 유채색 스트레스를 만나는 게 중요하다.

독서가 답이다. 인생의 짧은 경험으로는 건강한 유채색 스트레스를 만나기 어렵다. 건강한 유채색 스트레스를 스스로 만나기 어렵다면 멘토를 찾아 그의 생각을 닮으려 노력했으면 한다. 매스 미디어에 출연하는 대중적 멘토가 아닌 본인과 가깝게 지낼 수 있는 멘토이다. 대중적 멘토가 주위의 멘토보다 훌륭할 수는 있다. 하지만 대중적 멘토와 진중한 만남을 가지기까지 얼마나 많은 시간과 비용을 소모할지는 아무도 모른다. 멘토를 찾을 때는 눈에 보이는 물리적 성공의 잣대를 들이대지 말기 바란다. 건강한 유채색 스트레스는 자존감을 만나는 방법이기에 물리적 성공과는 크게 관련이 없다. 하지만 건강한 유채색 스트레스를 가진 이가 물리적 성공을 오랫동안 유지할 수 있다. 또한, 표현하는 기술과 방식은 시대의 흐름에 따라서 다양할 수는 있다. 하지만 건강한 유채색 스트레스는 시대의 흐름을 좇아 변하지 않는다. 그게 철학(philosophy)과 비전(vision)을 가진 이의 삶이다. 마지막으로 건강한 유채색 스트레스를 가진 멋진 멘토를 만나려면 여러분 역시 누군가의 멘토가 되고 싶다는 마음이 있어야 한다. 그런 마음이 없다면 훌륭한 멘토가 옆에 있어도 원하는 것만 배우려 하기에 결국 자기 향기를 발현하기 어렵다.

무채색 사회에서
스스로 향기를 지운 나와 달리
유채색의 화려하고 진한 향기를 간직한
눈부시게 아름다운 너희들.

시간을 돌릴 수 없기에
찬란한 너희들 옆에 있으면
식어버린 내 심장은 다시 뛸 수 있을까?

움직여라.
좀 뛰어라 제발.

> "해 아래
> 새로운 것이
> 없나니,
> 부모님 말씀을
> 새겨들어라."

"해 아래 새로운 것이 없나니,"는 전도서 1장 9절 말씀이다. 성경 말씀을 인용하는 게 국민의 공분을 사는 세상에 살고 있다. 국민의 공분을 사는 원인은 무엇일까 고민한다. 활자의 발명으로 당대의 생각을 전달한 이후로 사람이 도덕적으로 진화한 역사를 찾아보기 어려워서 아닐까? 조금만 눈을 돌려도 마음에 경종을 울려 콧등을 시큰거리게 하는 말씀이 도처에 널려있다. 압도적인 문명의 발전을 이루었지만 눈부신 철학 서적의 내용은 지금까지 검은 커피에 속마음을 녹인 현대인을 변화하지 못했다. 성경도 마찬가지다. 인간으로 태어나 이 점이 가장 의문스럽고 신기할 뿐이다. 만약 검은 커피에 속마음을 숨긴 현대인이 과거의 주옥같은 말씀으로 변화했다면 수천 년 전의 인물이 지금까지 정신적 멘토로서

왕성하게 활동했을까? 2021년을 살아가는 현대인은 경제적 풍요로움을 얻었지만, 사유의 깊이는 과거인보다 한 걸음도 진보하지 못했다. 과거의 사유 덩어리가 현대인의 사유를 압도한다는 사실을 인정하기 싫어 이들을 멀리하고 싶은가? 걱정 안 해도 된다. 성경과 철학 등 수많은 과거의 사유가 우리의 지친 심신을 절망의 나락으로 이끌지는 않는다. 오히려 성경과 철학은 윤택한 삶을 꾸려가기 위해 없어서는 안 될 인생의 동반자다. 예나 지금이나 지친 심신을 물리적 풍요로움으로 대체하려는 인간의 본성은 의사의 처방전을 무시하고 스스로 조제한 약을 남용하며 행복의 구름다리를 건너는 중이라 합리화한다. 스스로 조제한 약으로 병이 나을 수 있다면 의사가 도대체 왜 필요할까? 화성의 모습을 실시간으로 관찰할 수 있는 세상에서 이런 비합리적인 생각을 통념처럼 말하는 무리를 만나면 무섭기까지 하다. 결국, 해석하는 인간이 문제다. 아니다. 내가 문제다. 바로 나.

아침에 눈을 떠
풍요로움을 좇고
저녁에 눈을 감을 때
사라지는 자존감을 모른 척한다.

사라지는 자존감은
해가 갈수록 심해져
'만류의 영장'의 지위를
상실한다.

하천에 떠다니는
오리보다
인간이 나은 존재라
증명할 수 있는가?

나는 못 하겠다.

'만류의 영장'은 무슨…

    MZ세대가 자기 생각을 확립하기 이전에는 부모님 말씀을 새겨들어야 하는 이유다. "부모님 말씀을 새겨들어라."라는 너무나 고리타분한 이야기다. 그래서 진리인 거다. 진리는 항상 고리타분하다. 만약 글을 읽는 사람 중에 종교나 철학으로 자기 생각을 정립하지 않았다면 부정하려 해도 당신의 생각과 행동의 원천은 부모님이다. MZ세대가 사회에서 얻은 직접경험으로만 자기 생각을 정립하려는 발상은 오만할 수 있다. MZ세대가 무채색 세상과 조우한지 10년도 되지 않아서다. 사회생활 초기 10년 동안 MZ세대가 할 수 있는 일은 그저 '휩쓸리는 것'뿐이다. 너무 속상해하지 않았으면 한다. 힘없이 휩쓸리면서 얻게 될 경험이 모두 무용하지 않아서다. 40대 이전에 자기 생각을 확립해야겠다는 깨달음은 결국 무용한 10년을 통해 얻게 될 소중함이다. 앞서 언급했지만 10년의 짧은 직접경험으로 자기 생각을 확립하기 어렵다. 자기합리화할 뿐이다. 물론 짧은 10년의 경험으로 자기 생각을 정립한 훌륭한 MZ세대가 존재할 수 있다. 그런 친구는 지금부터 내 이야기를 듣지 않아도 된다. 오히려 내가 그들에게서 배워야 하니까. 말을 이어가면, 간접경험의 종류는 다양하다. 그중 매스 미디어를 통해 자기 생각을 확립하려는 행동은 너무나 위험하다. 10분 남짓한 내용에 고개를 끄덕이는 순간, 스스로 인생을 나락으로 강매하는 일이기에 그렇다. 자기 노력 없이 몇 번의 클릭질로 만난 타인의 성공에 쉽게 고개를 끄덕이지 않았으면 좋겠다. 고개를 끄덕일 때는 타인의 아픔에 공감할 때이다. 항상 강조하지만, 자기 생각을 확립하려면 독서가 답이다. 독서를 멀리한 어떠한 가시적 행위로도 자기 생각을 확립하기 어렵다. 모두 신기루일 뿐이다. 죽어도 책을 읽기 싫다면 다른 이의 직접경험을 통해 자기 생각을 확립해야 한다. 당신을 누구보다 아끼고 사랑하며 당신을 위해 자신의 삶을 내던진 세상에 단 두 사람. '어머니, 아버지'.

**세상에서 반짝이고 싶다면
직접경험을 바탕으로
간접경험이 쌓였을 때
이루어진다.**

**간접경험의 깊이에 따라
짧은 직접경험은
몰라보게 각성한다.**

멘토를 찾기 전, 주위의 본받을 지인이 당신을 생각하고 아낄지라도 부모님이 당신을 생각하는 정도에 비할 바가 아니다. 앞서 언급했지만, 당신이 무엇을 본받으려는 가에 따라 만나는 부류도 달라진다. 혼돈의 사회 초기 10년에 적당한 상담료를 지급하지 않은 일상적인 자리는 대부분 발전보다는 해소의 용도가 크다. 그렇기에 멘토라 부를 뿐 실질적인 멘토의 역할을 하기 어렵다. 혼돈의 사회 초기 10년에 정말 원하는 멘토를 만나고 싶다면 그들의 시간을 돈으로 사라 권하고 싶다. 돈으로 사람의 시간을 사는 게 어색하다면 당신의 선택지는 하나다. 부모님이다. 부모님의 생각이 시대에 뒤떨어지고 표현하는 게 투박하더라도 당신을 위하는 마음은 누구보다 진실한 값진 직접경험이다. 세상 돌아가는 일에 관심을 거둔 지 오래되어 당신에게 고득점을 취하기 위한, 취업을 위한, 이직을 위한, 연봉협상을 위한 노하우를 제공하지 못할 수 있다. 냉동고에서 얼어버린 그들의 전성기를 기억하며 여전히 1990년대의 가치관으로 힘겹게 2021년을 살아갈지 모른다. 그렇기에 부모님의 말씀은 때로는 논리적이지 않고 어눌하며 투박한 표현일 수 있다. 하지만 그 어눌한 표현은 삶의 고뇌가 녹아 있는 당신을 유일하게 걱정하는 진실함이다. 이처럼 무엇보다 멘토는 당신에게 진실해야 한다. 진실해야만 멘토링이 가능하다. 수많은 학생에게 멘토링을 하면서 깨닫게 된 점은 학생에게 진실한 순간 감정이입이 심해진다는 것이다. 진실한 순간 내 새끼가 가장 예뻐 보이기에 설사 나한테 욕을 먹더라도 다른 이에게는 칭찬받기를 원한다. 다른 이가 내 새끼를 함부로 판단하는 것도 감정적으로 힘들어진다. 다른 이에게 부정적인 피드백을 듣는 게 싫기에 학생의 의욕과 관계없이 고질적인 문제점을 지속해서 불편하게 제기한다. 하지만 이런 감정이입이 심해진 멘토링은 좋지 않은 이별을 예고한다. 멘토링 자체가 상품으로 전락해 특정 목표 달성을 위한 단기적인 만남에 익숙한 세대에게 나의 멘토링은 불편할 수 있다. 하지만 높은 별점이나 받으려고 긍정적인 피드백만 해대는 나팔수 멘토링은 학생의 자기 생각을 정립하는 데 아무런 도움을 주지 못한다. 혼돈의 사회 초기 10년에 무엇을 싫어하고 좋아하는지 알아야 40대로 넘어가면서 자기 생각을 정립할 수 있다. 무엇을 좋아하고 싫어하는지 아는 게 생각보다 어렵다. 이는 단순하게 호불호를 말하는 게 아니다. 그렇기에 지속해서 불편한 관점으로 당신을 자극해야 한다. 이러한 멘토링을 해주는 이는 부모님뿐이다. 그렇기에 부모님과 늘 부딪치는 거다.

**좋아하는 사람에게
다가가는 관심은 따뜻하다.**

**하지만
지속적이지 않다.**

**사랑하는 사람에게
다가가는 관심은 불편하다.**

**하지만
지속적이다.**

타인의 짧은 명언에 깨달음을 얻어
세상에 건배하지 않았으면 한다.

잇몸으로 자갈을 씹으며
피투성이의 발로
당신을 위해
길을 내어 준 사람이
누구인지 기억했으면 한다.

    부모님의 진실한 직접경험은 우리를 불편하게 하더라도 우리의 삶을 혼돈으로 빠뜨리지 않는다. 당신의 삶을 혼돈으로 밀어 넣는 대부분 요인은 '주위 사람과 매스 미디어'다. 혼돈의 사회 초기 10년에 주위 사람과 매스 미디어를 통한 조언을 중요하게 생각해 부모님의 말씀을 멀리할수록 뉴턴 운동 제 3법칙인 '작용, 반작용의 법칙'으로 그때의 선택을 회상하며 매일 후회할지 모른다. 주위 사람과 매스 미디어는 달콤하고 자극적이며 극단적이다. 정상적인 40대라면 이러한 부류의 제안이나 조언을 무의식적으로 멀리하려 한다. 그동안 숱하게 당했기 때문이다. 20대와 30대는 40대가 지나면 기회가 없을지도 모른다는 생각에 늘 불안하다. 아이러니한 것은 주위 사람과 매스 미디어로 20대와 30대를 불안하게 하는 주범은 다시 기회를 잡으려는 기성세대다. 물론 모든 기성세대가 여기에 속하지는 않는다. 특별한 대안 없이 젊은 세대의 불안감을 자극해 입에 풀칠하려는 얌체들은 세상이 변한 사실을 모른다. 이들이 불안감을 조성하는 방법이 예나 지금이나 변하지 않아서다. 하지만 세상은 변했다. 더는 통하지 않는다. 현재의 30대는 20대에 씨를 뿌려 수확할 수 있는 열매가 많지 않다. 과거의 30대가 행한 일을 할 수 없어 인생의 패배자라고 연일 나팔수처럼 떠드는 '주위 사람과 매스 미디어' 때문에 조급해하지 않았으면 한다. 진짜 수확은 40대부터다. 아니다. 진짜 수확은 50대부터다. 세상이 변해서다.

**연일 조기 은퇴를 꿈꾸라고
쉼 없이 떠드는 나팔수에
불안해하지 마라.
실제로 조기 은퇴가 가능하면
진짜 행복할까?**

**은퇴는
누군가의 기대로부터 멀어진다는
뜻이다.**

세상 곳곳을 견문하는 즐거움이 있어도

물욕을 채우는 만족감으로는

주위 사람과 즐거운 만남으로도

나를 단단하게 하지 못한다.

홀로 인생을 달관할 수 있는

내공이 없다면

그 오랜 시간 외로움을

어찌 달래려 하는가?

눈을 떠보니 코스피 지수가 불안하고 비트코인 가격은 널뛰고 부동산 가격은 천정부지로 치솟는다. 이처럼 하루가 다르게 충격적인 외부소식에 나만 뒤떨어진다는 불안감에 사로잡힌 MZ세대가 있다면 부모님과 통화하면서 그 마음을 풀어보라 당부하고 싶다. 천지개벽하더라도 해 아래 새로운 것은 없어서다. 천지개벽하더라도 당신을 사랑하는 부모님의 마음은 변함이 없어서다. 흔들리는 것은 세상이 아니다. 흔들린 당신의 마음으로 바라보는 세상이다. 혁신에 혁신을 거듭한 세상이 빠르게 변모하기에 불안하다면 잠시 눈을 감고 부모님과 통화했으면 한다. 당신을 걱정하는 단단한 목소리는 세상의 변화와 관계없이 늘 한결같다. 직접경험으로 무언가를 배우고 싶다면 다른 이도 아닌 당신을 가장 사랑하는 부모님의 단단함을 배웠으면 한다.

부모님이 세상 변화의 보폭을 따라잡지 못하기에 답답하다 느낀 적도 있었다. 40대가 지나서 알게 되었다. 어차피 세상 변화의 보폭을 따라잡기는 어렵다. 결국, 스스로 눈을 감고 보폭을 줄이는 시기를 정해야 하는 거다. 부모님이 모진 풍파에도 견딜 수 있는 이유이다. 당신이 오늘까지 살아서 나의 글을 읽고 있는 게 그 증거이다. 세상의 모든 변화를 끌어안고 살아가는 게 얼마나 미련한 행위인지 혼돈의 사회 초기 10년 동안 알기는 어렵다. 걸음을 멈추고 자기 세계를 만들지 않는 한 우리의 세계는 항상 천지개벽한다. 타인의 의지로 천지개벽한 타인의 공간에서 불안감을 느끼며 살아가는 하루를 빨리 정리할 수 있다면 자연스레 부모님의 단단함을 배울 수 있지 않을까 생각한다.

해 아래 새로운 것은 없다.

새로운 작은 변화에도
불안감을 느끼며 흔들리는

나약한 인간이다.

조약돌의 던짐으로
물의 파동이 크다고
기껏해야 10cm인
조약돌의 크기를 원망할 텐가?

인간의 나약함이
해 아래 새로운 것이 없다는
방증이겠지.

문명의 발전으로
인간의 나약함을
극복할 수 있었다면
세상이 이처럼 시끄러울 수 있을까?

문명의 발전으로는
인간이 단단해지기 어렵다.
해 아래 새로운 것은 없다.

그렇기에

모진 긴 풍파를 견디며 얻은
주름살 가득한 온화한 얼굴로
사랑스러운 당신의 존재를
유일하게 조건 없이 응원하는

부모님의 말씀을
새겨들었으면 한다.

그들이 떠나면
누가 당신을 이처럼
응원할 수 있을까?

부족한 아들이라
늘 부끄럽습니다.

"회사가
　당신에게
　정체성을
　부여할까?"

　며칠간 고민 하나가 윙윙 소리를 내며 내 주위를 맴돈다. 고민이라 말하기에 부끄러울 정도로 사소한 잡생각이다. 털어놓기에는 부끄럽고 넘어가기에는 삐딱한 성격 때문에 지나칠 수 없는 게 있다. 중국집에서 짜장면인지 짬뽕인지 결정하지 못해 장시간 메뉴판만 바라보는 다른 이를 비웃었다. 지금 내 고민을 누군가에게 털어놓는다면 얼마나 불편하게 살아가는지 대번 알지 않을까? 혼자 있는 시간이 일상의 99%다. 타인과 시간을 공유하며 나를 증명하는 일이 중요하다 여긴 적도 있었다. 고독이 인생에서 가장 큰 선물이라 깨닫게 된 이후로 일상은 하나의 질문으로 하루를 시작하고 마무리한다.

직무와 관련한 일을

스스로 계획하고 진행하는가?

 타인의 평가와 인정이 삶의 순위에서 멀어진 후로 계획한 일을 체크하며 하루를 마무리하는 게 무엇보다 중요해졌다. 정권교체 후 많은 게 변했다. 일부 몰지각한 행동을 권리처럼 남용하는 무리가 살아가는 게 힘든 세상이다. 또한, 선한 티끌이 모여 태산을 이루는 게 가능해진 세상이다. '동학 개미', '돈쭐내다' 등의 신조어는 이를 단적으로 말한다. 표면적으로 대한민국을 과거와 다르게 '공명정대'의 프레임으로 운영한다. 공명정대한 세상에서는 오히려 납득하기 어려운 평가에 대항하기가 어렵다. 이게 아이러니한 현상이다. 표면적으로 투명함을 추구하기에 사회의 평가는 투명해야 한다. 투명한 평가를 개인이 의심할수록 돌아오는 집단의 비난은 강하다. 즉, 공명정대하다 믿기에 선택할 다른 절차가 많지 않다. 공명정대할수록 다양성이 사라진다면 믿을 수 있겠는가?

 MZ세대는 다양성이 중요하다고 믿었던 X세대의 조언이 통하지 않는 세상에 살아가고 있다. 의식의 단절이다. 그렇기에 X세대조차 변모한 사회에 적응하기 어려워 갈팡질팡한다. 다만 세상은 변해도 변하지 않는 게 있다. 연봉을 바라보는 타인의 시선이다. 직장인이라면 굳이 노력하지 않아도 연봉협상을 통해 타인의 평가를 받는다. 연봉은 타인이 바라보는 주관적인 평가이다. 연봉을 스스로 정해 통보하는 직장인은 없다. 연봉 결정은 늘 수동적이다. 사회 초년생은 개인의 역량으로 연봉을 크게 변화할 수 있다고 믿는다. 하지만 연봉협상 때 개인의 역량이 미치는 힘은 연봉의 작은 자리 숫자의 변화 정도다. 그렇기에 실망하고 이직을 결심하지만 원하는 바 이루기가 쉽지 않다. 연봉의 큰 자리 숫자가 변하고 싶다면 조직이 원하는 주관적인 기준을 이해해야 한다. 다만, 조직이 원하는 주관적인 기준을 이해하면 자연스레 회사에서 요구하는 업무가 정체성 확립과 거리가 멀다는 것을 깨닫는다.

조직은 연봉을 결정할 때 개인의 행복을 크게 고려하지 않는다. 개인이 행복하려면 직무 자체가 즐거워야 한다. 처음 업무를 시작하면 그게 무엇이든 흥미를 느끼며 직무 자체를 즐거워할지 모른다. 하지만 직무는 시간이 흐르면 단순하고 반복적인 업무로 전락한다. 많은 이가 경력을 쌓을수록 단순하고 반복적인 업무로는 연봉을 인상하기 어렵기에 고민이 많다. 하지만 현실은 이와 다르다. 단순하고 반복적인 업무로 전락하는 게 아니라 시간이 흐를수록 직무를 개선할 의지가 사라지는 게 더 큰 문제다. 개선할 의지가 사라지는 원인 역시 일이 즐겁지 않기 때문이다. 조직의 구성원 중 다수는 이러한 악순환을 겪다 이직하거나 퇴사한다. 물론 복지제도와 성과급 등으로 개인의 행복을 고려할 수 있다. 하지만 복지제도와 성과급 등은 상대적이기에 개인마다 기준을 어디에 두느냐에 따라서 온도 차가 다르다.

어쩌면
다른 사람의 행복을 위해
고용된 이곳에서

나의 행복까지
추구하려는 마음 자체가

처음부터
욕심이지 않았을까?

행복을 연봉으로
측정하려는 마음 자체가
문제일지도.

회사는 처음부터 개인에게 정체성을 부여하지 못한다. MZ세대가 꼭 알았으면 한다. 회사 생활로 자아실현을 이룰 수 있다는 생각이 강할수록 조직의 이기적인 처사에 크게 실망한다. 회사를 통해 자아실현을 이루는 선택지가 많지 않아서다. 일반적으로 연봉 인상과 승진 정도다. 회사의 충성도가 높다면 개인은 열정을 태워 자아실현을 이루려 한다. 그렇기에 기업은 사원의 충성도를 높이는 게 무엇보다 중요하다. 하지만 이직을 능력의 정도로 판단하는 MZ세대에게 기업의 충성도를 높이는 작업은 어쩌면 구시대적인 발상일지도 모른다. 어차피 이들은 이직한다. 조직의 주관적인 기준을 빨리 이해할수록 연봉 인상과 승진이 다른 직원보다 빠르다. 조직의 주관적인 기준은 학교에서 배우기 어렵다. 불합리하고 비이성적인 요구가 많기에 그렇다.

대한민국 남자라면 군 생활에서 조직의 주관적인 기준을 첫 번째로 경험한다. 그렇기에 X세대가 입사하던 시기만 해도 군필 여부가 조직의 주관적인 기준을 이해하는 여부로 중요했다. 현재 MZ세대가 보고 배우며 형성한 문화는 조직의 주관적인 기준을 이해하기에 어려움이 있다. 공명정대한 세상을 프레임으로 자라난 세대에게 주관적인 기준을 강요하는 것 자체가 어불성설이다. 그렇다면 MZ세대와 융화를 위해 조직의 주관적인 기준은 변할까? 현재 MZ세대를 이해하려는 수많은 책이 서점에서 열일 중이다. 하지만 이러한 부류의 책은 X세대가 먼저였다. X세대를 이해하라고 열변을 토하던 그 수많은 책으로 조직의 주관적인 기준은 변했을까? 굳이 답하지 않아도 자명하다. 조직의 주관적인 기준은 세상 변화와 관계가 없다. 만약 공무원 제도의 변화를 위해 연차에 따른 자동 호봉제 폐지와 수행평가를 통한 삼진 아웃 제도를 도입한다면 가능하지 않을까 싶다. 혹은 공산주의나 급진적인 사회주의로 대한민국이 변모한다면 가능하지 않을까 싶다. 하지만 무엇이든지 지나치면 공명정대하게 이루어지기 어렵다. 프레임을 찢어 과거로 회귀하지 않는 한 앞서 언급한 가정은 MZ세대가 노년이 되어서도 이루어지기 어렵다. 결국, 조직의 이기적인 처사는 멈추지 않는다.

MZ세대의 세상은
X세대가 너무나 꿈꾸던 세상이었다.

변한 게 없다.
여전히 불평등으로 얼룩진 사회다.

X세대의 세상은
386세대가 피를 토해내며 원했던 세상이다.

변한 게 없다.
여전히 불평불만이 가득한 세상이다.

우리가 믿고 있는 진보와 혁신은
개인의 역량으로 이루어진
작은 자리의 숫자 변화일지도 모르겠다.

누군가에게 속은 게 아니라
어쩌면
스스로 속이며 눈을 감을지도.

    물론 회사의 이기적인 처사를 더는 겪지 않을 방법도 있다. 창업하면 된다. 멀리서 바라보면 간단한 문제이다. 하지만 삶의 방향을 무미건조한 수학 공식에 숫자를 대입해 적용하기는 어렵다. 열정만으로 창업한다면 유지하는 게 쉽지 않다. 내가 딱 그 꼴이다. 사회생활을 처음 접하는 MZ세대에게 창업을 권하고 싶지는 않다. 다만 창업해 꾸준하게 유지하고 싶다면 시대의 주류를 대변하는 불문법적(진화형)인 교육을 맹목적으로 믿어서는 안 된다. "그때는 맞고 지금은 틀릴 수 있거나 그때는 틀렸으나 지금은 맞을 수 있다."라는 교육을 포괄적인 의미로 생각했으면 한다. 교육은 누군가에게 학문일 수 있고, 누군가에게는 신념일 수 있으며, 누군가에게는 소문에 불과할지 모른다. 많은 청년이 불문법적(진화형) 성격을 띤 교육에 열광한다. 예나 지금이나 변함이 없다. 달콤하며 짜릿하고 스스로 주류에 속한다는 착각을 불러일으키기 때문이다. 현시대가 믿고 있는 주류의 생각을 모방한다고 삶 전체가 주류로 편승하기는 어렵다. 우리가 믿고 있는 많은 가치가 5년도 유지하기 어려워서다. 예를 들어서, '비트코인'을 떠올리면 어떠한 생각이 드는가? 2021년, 수년 전에는 찬밥 신세였던 비트코인은 MZ세대의 심장을 두드리는 '올해의 단어'다. 이 책을 출간할 즘 여전히 비트코인이 시대를 대표하는 재테크일지 장담하기 어렵다. 비트코인이 미래의 재테크로 MZ세대에게 사랑받는지는 중요한 사안이 아니다. 문제는 비트코인, 즉 다양한 정보를 전하는 매스 미디어의 알고리즘 방식이다. 매스 미디어는 단기적인 관점을 적용한 진화형 이야기로 사람의 관심을 먹고 산다. 단기적인 관심을 이끄는 진화형 이야기는 처음부터 완성형이 아니다. 완성형이 아니기에 관련한 내용을 어떻게 왜곡해 전달하는지 소비자는 알기 어렵다. 처음이 없으니 끝도 없다. 감정만 자극하는 수많은 선무당이 매스 미디어의 본질일지 모르겠다. 의도는 처음 정보를 배포하는 자만 알고 있다는 뜻이다. 지금이라도 포털에 깔린 수많은 기사 중 하나라도 완성형 정보가 있는지 확인했으면 한다. 조직의 이기적인 처사를 스스로 극복하고자 창업을 결심한다면 단기적으로 불문법적(진화형) 성격을 띤 정보에 현혹되지 않는 훈련부터 했으면 한다. 현재만 반영한 정보는 결국 과거와 미래를 연결해 완성형으로 진화하기 어렵다.

결국 매스 미디어는
누가 더 창의적인 추측을 하느냐로
매출을 올리는 비즈니스다.

결론도 없는
창의적인 추측만으로
돈을 벌 수 있다니
부럽기만 하다.

창의적인 추측만 던지면
굳이 노력하지 않아도

누군가가 죽어라
다음 행보를
완성한다.

그 누군가는
견디기 힘든 악몽으로

살아가야 하니까.

매스 미디어
혼나야겠네.

    회사의 이기적인 처사에 분노하더라도 돌아갈 곳은 결국 '다른 회사'이다. 다른 회사라고 별반 다르겠는가? 그 나물에 그 밥이다. 그런데도 그 나물에 그 밥에서 개인의 정체성을 찾아야 한다. 평생직장의 개념이 사라진 MZ세대가 조직을 통해 정체성을 부여받을 수 있을까? 앞서 언급했지만, 회사는 처음부터 개인에게 정체성을 부여하지 못한다. 이직할 때마다 새로운 정체성을 부여받을 수는 없어서다. 회사는 이들에게 워라밸을 유지하기 위한 전략적 선택일 뿐이다. 딱 그 정도 역할이다. 딱 그 정도.

    또한, 정체성이 지닌 힘을 비생산적인 활동에 쓰이는 단기적 결정으로 치부하지 않았으면 한다. 대표적으로 특정 대상에 대한 호불호는 정체성과 관련이 없는 비생산적인 단기적 결정이다. 정체성은 "나는 누구인가?"를 대변하기에 당신의 역사를 그리는 이정표 역할을 한다. 정체성 확립이 늦을수록 성격으로 빚어진 호불호를 정체성이라 착각한다. 호불호는 단기적으로 일관성을 유지하지만 시간이 흐르면 자연스레 변한다. 유년기에 좋아하는 음식을 성인이 되어서도 좋아하기 힘든 것과 비슷하다. 호불호를 정체성이라 착각하여 40대 이전에 정체성을 확립하지 않으면 40대가 지나서 20·30세대와 같은 필드에서 경쟁하는 안타까운 일을 겪게 될지 모른다. 경쟁이 될 리가 없지 않은가? 40대는 20·30세대보다 체력은 떨어지며 열정과 용기도 없고 심지어 긍정적이지도 않다. MZ세대의 자리에서 요구하는 업무적 능력이 상대적으로 부족한 X세대가 MZ세대와 경쟁해야 하는 슬픔이 비단 남의 일일까? 머지않은 미래에 MZ세대에게 일어날 수 있다. 그렇기에 정체성 확립은 길을 잃었을 때 방향을 알려주는 북극성과 같다. 길을 잃지 않으면, 각 세대의 여정은 다양한 길목에서 공감으로 이어져 시너지를 이룬다. 회사가 우리에게 정체성을 부여하지 못한다면 어떻게 정체성을 확립할 수 있을까? 처음 내게 던진 질문을 그대에게 다시 던지려 한다.

직무와 관련한 일을
스스로 계획하고 진행하는가?

MZ세대에게 이직은 숙명이다. 물론 한 회사에서 정년까지 있으면 참으로 좋은 일이다. 그런데 그런 일이 발생하려면 회사가 정부이거나 대기업이어야 하지 않을까? 그렇기에 처음부터 경제의 규모만 생각해 회사를 선택하지 않았으면 한다. X세대에게나 통하던 발상이다. 어차피 이직해야 한다. 어차피 '다른 회사'로 가야 한다. 그렇다면 회사를 선택하기 이전에 다음 행보를 위해 이 회사에서 배워야 할 게 무엇인지 명확하게 정립한 후 지원하기 바란다. 경제의 규모만 쫓아 원하는 곳에 안착했다 하더라도 정년까지 그 회사에서 버티기가 힘들다. 그 이유는 다음과 같다.

A: 나는 이 회사에, 이 연봉이라면
두말하지 않고 평생 다니고 싶어.

B: 그래서 널 채용하지 않은 거야.
이 회사에 다니는 직원 대부분 이직을 생각하거든.
처음부터 이 회사에, 이 연봉에, 만족한 사람이 없어.

그렇기에 회사가 아닌 직무를 통한 정체성 확립을 고려해야 한다. 최종 목표의 회사로 이르기 전에 부족한 점을 인지하고 중간 단계의 회사에서 배워야 할 것을 명확하게 설정해야 한다. 돈이 아니라 배워야 할 점을 명확하게 설정한 후 이직해야 한다. 연차만 믿고 시간이 지나면 이직을 통해 자연스레 연봉 인상이 가능하다는 구시대적인 발상은 MZ세대에게 통하지 않는다. 명확하게 배워야 할 점이 정해지면 그 회사에 몸담고 있을 기간 역시 스스로 정할 수 있다. 이처럼 직무와 관련한 일을 스스로 계획하고 진행한다면 정체성 확립뿐만 아니라 연봉협상의 재량권도 점점 커진다.

이직할 기회가 무한하지 않다. 정체성 확립을 위해 이직했다면 퇴직 전까지 많아야 4번 정도다. 연봉 인상과 관련 없는 잦은 이직의 원인은 정체성이 아닌 호불호가 작용했기에 그렇다. 오히려 경쟁력이 떨어지는 처사다. 마지막으로 직무를 통한 성과와 자존감의 단단한 정도는 비례한다. 그렇기에 회사에서 직무의 성과로 자존감과 만나려면 기업가 정신(entrepreneurship)으로 스스로 '회사'라 여겨야 한다. 이는 창업과 다른 문제다. 이직으로 개인의 능력을 증명하는 MZ세대에게 기업가 정신(entrepreneurship)이 없다면 직무와 관련한 일을 스스로 정해 계획하고 진행하기 어렵기 때문이다.

**정체성의 확립 여부는
살아온 인생의 발자취만 엿보아도 알 수 있다.**

**인생의 발자취가 일관적이지 않다면
자문했으면 한다.**

**직무와 관련한 일을
스스로 계획하고 진행하는가?**

"개천에서 용이 되려면 송충이는 무엇을 먹어야 해?"

"개천에서 용이 되려면 송충이는 무엇을 먹어야 해?" 정답부터 이야기하면 나도 모른다. 정답을 몰라서 미안합니다. B급 소피스트(sophist)라서 그렇습니다. 함께 웃자. "하하하" 15번째 에세이 주제를 정하려고 7일 내내 의정부에 있는 사패산 정상에서 멋진 풍경만 감상하다 내려왔다. 7일 동안 에세이 제목만 생각하느라 무슨 내용을 쓸지 막막하다. 글쓰기가 어려운 이유다. 주제는 좋은 데 답을 모를 때는 포기하는 게 좋다. 억지로 자신 없는 주제를 이끌어 좋은 성과를 내기 어려워서다. 일반적으로 이러한 무모함은 주위 사람까지 피곤하게 한다. 용기와 만용의 차이를 알지 못하기에 그렇다. 용기와 만용의 차이는 열정의 정도로 이해하면 좋다. 열정만 넘치면 감정이 이성보다 앞서기에 스스로 지닌 물리적 한계를 벗어난 목표를 설정하려 한다. 주위에 조력자가 없는 상황에서 열정만 넘치면 일의 결과는 불 보듯 뻔하다. 대부분 과정 중에 포기해서다. 우리는 '영웅'이 아니어서 그렇다. 예를 들어서, 훌륭한 영화, 음악, 글이 탄생하는 것은 기적에 가까운 일이다. 사실 로또 맞을 확률이다. 워낙 주위에 훌륭한 영화, 음악, 글이 넘치기에 새롭게 탄생하는 작품을 평가하는 기준이 냉혹하다. 모든 이가 스티브 잡스, 조지 루카스, 제레미 다이아몬드처럼 될 수 없음에도 늘 영웅의 잣대로 평범한 사람이 '보통 사람'을 재단한다.

참 피곤하고 모순적인 대한민국이다. 파레토의 법칙을 혐오해 롱테일의 법칙을 따르려 정권교체가 일어났음에도 여전히 새로운 파레토의 법칙을 이끌어 갈 누군가를 기대한다. 이 얼마나 기가 차는 일인가? 영웅의 타락으로 받은 상처를 보통 사람의 아름다움으로 극복하고자 했던 숭고한 기상은 단지 언어도단이었을까? 일상생활에서 소소하게 일어나는 타인의 작은 기쁨을 평가하는 기준 역시 점점 냉혹해진다. 잔인하다. 나쁘다. 그리고 슬프다. 상대방의 소소한 업적을 칭찬해 주기 바란다. 그들과 같은 과정을 걸어가면 엄동설한에 연탄 없이 차디찬 골방에서 신문지를 이불 삼아 얼어 죽지 않기를 기도하며 매일 버티는 심정을 깨닫게 될지 모른다. 그렇기에 만용으로 준비 없이 시작한 결심은 대부분 과정 중 포기한다. 사패산에 등반했던 가벼움으로 장비 없이 비숫한 시간 내에 설악산 대청봉을 오를 수 있다는 '가벼움'이 만용이다. 상대방의 업적을 헐뜯는 이들의 특징이 그렇다. 상대방의 업적을 깎아내리는 이들의 업적은 세상 어디에도 존재하지 않는다. 그래서 우스운 거다.

성과는
의지의 산물이 아니다.

의지는
꾸준함을 동반하지 않는다.

꾸준함은
마침표를 찍어본 이만 느끼는
상쾌함이다.

이 모든 게 없다면
하려는 일의 에너지가
만용일지도.

MZ세대 중 "모든 경험은 값지다."라는 명제로 세상을 바라보는 이가 있을지 모르겠다. 동의하는 바이다. 다만 열정만 넘쳐 만용으로 시작한 경험은 과중 중에 포기하기에 스스로 물리적 한계를 알기 어렵다. 처음부터 만용으로 시작했기에 다시 만용의 늪으로 빠지는 악순환을 겪는다. 만용은 그만큼 위험하다. 물리적 한계는 성과를 통해 극복한다. 많은 이가 "너도 했기에 나도 할 수 있다."라고 자기 자신을 설득할지 모른다. 위험한 생각이다. 상대적 박탈감을 느끼는 원인이기에 그렇다. 상대적 박탈감은 상대방이 지닌 힘을 간과했을 때 발생하는 만용의 산물이다. 상대방의 지닌 힘을 이해하려면 반드시 같은 과정을 걸어야 한다. 요령이 있을 것 같지만 요령조차 이들만 활용할 수 있는 과정의 산물이라는 사실을 이해했으면 한다.

예를 들어서, 운동을 처음 시작하는 이가 벤치 프레스 중량 80kg을 가벼이 여겨 처음부터 이 무게로 훈련하면 스테로이드를 맞지 않는 한 5년이 걸려도 들어 올리기 어렵다. 나보다 왜소한 체구를 가진 이가 어떻게 벤치 프레스 중량 80kg을 번쩍 들어 올리는지 처음에는 알 길이 없다. 물론 스테로이드를 선택하는 이도 있을지 모른다. 그렇다면 내 글을 읽지 않아도 된다. 스테로이드를 선택하는 이에게 전해줄 조언은 내게 없다. 옳고 그름을 떠나 스테로이드 세계를 알지 못해서다. 도대체 수많은 이가 만용의 늪에서 왜 빠져나오지 못할까? 혹은 않을까? 만용으로 시작한 일의 초기는 대부분 다른 이가 보기에 거창하고 멋져 보여서다. 그렇기에 많은 이가 매달린다. 초기를 지나 과정 속에 묻혀 있을 때는 모두 그럴싸하게 보인다. 과정에서 벗어나면 초라한 원점이다. 물리적 한계를 모르니 다음 단계로 나아가기 어려워서다. 초라한 원점을 들키기 싫기에 또 다른 만용의 길을 걷는다. 만용으로 얻을 수 있는 경험은 자존감과 멀어짐뿐이다.

**자존감과 멀어짐으로
얻어지는 산물은
타협으로 인한 복종이다.**

**복종은 처음부터
우리의 생각은 없기에
자존감과 멀어진다.**

악순환의 반복이다.

**과정 중에 포기한 경험은
어디에서도 활용하기 어렵다.**

무채색 사회의 적응을 위한 사회화 과정은 성인으로 겪어야 할 전공필수이다. MZ세대 역시 이를 벗어나기는 어렵다. 사회의 전공필수 과목 중 '타협'을 이수하지 못하면 외로움을 벗 삼아 사회 부적응자로 살아가야 한다. 외로움을 벗 삼아 사회를 등지고 살아가는 게 문제라 말하기 어렵다. 선택의 문제라서 그렇다. 다만 외로움을 벗 삼아 고독을 즐기며 살아가려면 이미 무엇을 이루었거나 스스로 뜻을 세워야 한다. 모든 이가 이처럼 살기 어렵다. 사회의 순작용을 위해 타협을 40대 이전에 이수했으면 한다. 다만 타협의 결괏값인 복종과 타협을 일으키는 순종의 차이를 이해하기 바란다. 만용과 용기의 차이여서 그렇다. 만용은 복종을 통한 비겁함에서 비롯된 상황을 신중하게 생각하지 않기에 발생하는 무모함의 산물이다. 복종은 자기 생각을 스스로 퇴화시킨다. 동물로 태어나 바위에 붙어살면서 자신의 뇌를 소화해 식물로 퇴화한 멍게의 모습이다. 순종과는 다르다. 순종하려면 자기 생각이 명확해야 한다. 스스로 납득할 수 없다면 순종하기 어렵다. 순종은 상대방의 과정을 이해하여 얻게 될 자기발전의 산물이다. 순종은 다른 이를 맹목적으로 따르는 복종이 아니라 스스로 물리적 한계를 인정하며 나아가는 자아의 이해이다. 순종은 외적으로 상대방을 따르는 복종과 구별하기 어려울지 모른다. 하지만 자아의 이해로 이루어진 순종은 상대방의 결과를 시기하거나 깎아내리지 않기에 상대방의 과정을 존중하며 닮아가려 노력한다. 그들은 조력자와 같은 과정을 걸으면서 비슷하지만 다른 자기만의 길을 개척한다. 나는 이 깨달음을 '용기'라 생각한다.

순종의 과정은 쉽지 않다.

물리적 한계를 깨닫는 과정이
괴롭기에 그렇다.

순종하기 싫다면
선택은 2가지다.

복종하거나
반항하거나

복종하면
멍게처럼 살아야 하고

반항하면
사회 부적응자로 살아가야 한다.

그곳에는
행복이 없다.

원점으로 돌아가자. "개천에서 용이 되려면 송충이는 무엇을 먹어야 해?" 질문 자체가 틀렸기에 답도 없다. 개천에서 용은 살 수 없거니와 세상에 존재하지도 않는 허상이다. 또한, 송충이는 솔잎을 갉아먹어 소나무에 큰 피해를 주는 해충이다. 존재하지도 않는 생물이 되려고 스스로 해충이라 생각하게 하는 이런 질문은 MZ세대를 혼란스럽게 한다. 답도 없는 질문의 해답을 구하려 따르는 맹목적 복종은 스스로 해충이 되어 개천에서 용이 되지 못함을 탓하며 분노하게 한다. 분노하다 지치면 살아온 환경인 개천을 원망한다. 또한, 우리와 비슷한 환경에서 기대하기 어려운 물리적 성공을 이룬 그들에게 부러움을 동반한 박수를 보낸다. 그들이 전하는 성공 스토리가 세상에 퍼질수록 맹목적으로 복종하는 이가 더욱더 발생한다. 하지만 비슷한 환경에서 성공한 사람의 조언을 자아의 이해 없이 복종하는 이에게는 좀처럼 성공의 문을 두드리는 기회가 오지 않는다. 개천을 물리적 환경으로만 한정 짓기 때문이다.

지금부터 비밀 이야기를 하려 한다. 당장 서점에 가서 수많은 자기계발서를 펼쳐 보기 바란다. 그들에게 물리적 환경은 성공의 공통적인 요인이 아니다. 공통적인 요인은 '결핍'으로 이루어진 남들과 다른 '생각의 크기'이다. 물리적 환경에 지배받기 이전에 생각의 크기를 구체화해 실현하는 게 이들의 공통점이다. 물리적 환경에 지배받을수록 생각의 크기는 타협을 통해 사라져 간다. 또한, 생각의 크기를 실현하는 출발이 만용이었다면 쓰디쓴 과정의 여정을 감내할 리가 없다. 그렇기에 만용으로 출발한 그들의 여정이 세상의 문을 열어 감흥을 전달하기 어려운 이유다. 순종을 통한 생각의 크기를 실현하는 과정이 없었다면 스스로 길을 개척한 여정을 우리에게 말하기 어렵다. 개천을 물리적 환경에 국한하는 자는 물리적 환경의 변화만 성공이라 생각하기에 어울리는 자도 뻔하다. 그 나물에 그 밥이다. 그렇게라도 물리적 성공을 이루고 싶다면 그 길을 걷는 것을 말리지는 않겠다. 하지만 꼭 기억했으면 한다. 그 길이 처음부터 혼탁하지는 않았다. 생각하지 않고 복종하는 자가 너무 많이 모여 혼탁해진 그 길을 개척한 주인공은 이들과 다른 길을 선택한 용기 있는 사람이었다. 개천을 물리적 환경으로 국한하면 생각의 크기를 실현할 기회는 오지 않는다.

**송충이는 성장해도
해충이다.**

해충으로

멋지게 살고 싶다는

마음은 없다.

해충은 결국

박멸 대상이니까.

출발이 틀렸다.

    40대를 준비하는 MZ세대에게 당부하고 싶다. '용'은 타인이 부여하는 허상이기에 스스로 용이 되려 애쓰지 않았으면 좋겠다. 자아의 이해로 물리적 한계를 깨닫고 존경하는 이의 과정을 순종하면 자연스레 여러분이 원하는 새로운 길을 개척할 수 있다. 이처럼 선한 영향력을 누군가에게 전달하여 사회의 순작용에 이바지하려 노력했으면 한다. 이러한 과정에서 우리는 주위 사람이 부여하는 용의 칭호가 중요하지 않음을 깨닫는다. 물론 이 방법이 물리적 성공의 길로 인도하지 않을 수 있다. 하지만 물리적 성공을 성취한 후 이 방법을 유지할 때 비로소 자존감을 만날 수 있다. 단명하는 물리적 성공은 수많은 해충을 양산해 사회를 갉아먹게 한다. 그렇기에 수많은 해충을 양산하지 않으려면 자아를 이해하려는 수신(修身)이 중요하다.

　대한민국 정부가 수립한 이후로 시간이 지날수록 누구도 수신(修身)의 중요성을 말하지 않는다. 세계화 탓인가? 물리적 성공만을 '용'이라 칭한다. 싱가포르는 연봉을 근거로 외국인 비자 타입을 결정한다. 근무할 당시에 외국인 비자 타입으로 차별하는 일부 자국민(싱가포르인)을 바라보며 씁쓸했던 기억이 있다. 하지만 대한민국에서도 이와 같은 일이 벌어진다. 한국인이 한국인에게, 한국인이 외국인에게 차별하는 행동을 하루가 멀다 하고 접하면서 속상한 마음 감추기 어렵다. 이처럼 사회가 혼탁해지는데 누구도 수신(修身)의 중요성을 MZ세대에게 말하지 않는다. 수신(修身)은 국가의 살림을 경영하는 정치인에게나 중요하다고 생각하는 이가 많다. 수신(修身)은 자신을 바라보며 자아를 이해하려는 마음의 수양이다. 마음의 수양은 착한 사람이 되기 위한 과정이라 생각하지는 않는다. 아직 오만하고 착하지 않아서이다. 마음의 수양은 자신과의 만남을 갖는 통로라 생각한다. 타인에게 인정을 받기 위해 거짓말하는 게 어려운 일은 아니다. 하지만 자신을 거짓말로 속이기 어렵다. 만약 자신까지 속이려 한다면 십중팔구 수신(修身)이 부족해서다. 인간은 타인에게 속지 않는 한 스스로 속이기 힘들다. 정신병이 걸리면 모를까⋯ 말을 마치면, "개천에서 용이 되려면 송충이는 무엇을 먹어야 해?" 이 답이 아직도 궁금한가? 어차피 우린 개천에 있지도, 용의 새끼도 아니며, 송충이인 적도 없다. 그런데도 여전히 답이 궁금하면 내 탓이다. 미안합니다. 꾸벅.

**태어난 것은
우리 선택이 아니다.**

**그런데
해충을 양산할지
익충을 양산할지는**

**올곧이
우리의 선택이다.**

> "열심히 사는
> 지구인
> 효율적으로 사는
> 화성인
> 즐겁게 사는
> 태양인"

**보편성과 세계화 양념으로 버무린
낙수효과 김치가 맛있을까?**

 열심히 사는 지구인, 효율적으로 사는 화성인, 즐겁게 사는 태양인 중 어느 인류가 행복할까? 만약 '즐겁게 사는 태양인'이라 답했다면 당신도 나처럼 보편성의 한계를 초월하지 못한 평범한 사람이다. 혹시 보편성의 한계를 초월하지 못해 속상한가? 그럼 이마저도 보편성의 한계를 벗어나지 못했다는 방증이다. 마지막으로 보편성이라는 단어가 부정적으로 들린다면 정말 미안하지만 이마저도 보편성의 한계에 갇혔다는 뜻이다. 열심히 사는 지구인도 효율적으로 사는 화성인도 부정적인 의미가 아님에도 왜 '즐겁게 사는 태양인'이 다른 인류보다 행복하리라 생각했을까?

일단 보편성의 의미부터 이해하는 게 좋겠다. 간단하게 설명하면 보편성은 시·공간을 초월한 전 인류적으로 인지하는 공통적인 생각이다. 보편성을 제대로 활용해 성공한 전략이 미국의 '세계화'이다. 2021년, 대한민국은 이미 미국의 세계화 전략으로 자신도 모르게 '바나나'화 되어 간다. 바나나는 껍질은 노랗지만 속은 하얗다. 이처럼 바나나는 동양인(껍질)의 행동이나 생각하는 방향이 서양인(속)일 때 칭하는 속어이다. 바나나라는 표현은 속어이기에 상대방을 비난하려는 의도가 첫 번째다. 하지만 의도와 달리 오히려 '바나나'라는 호칭을 결실의 훈장처럼 생각하는 동양인이 점점 늘어난다. 한국인은 이와 다를까?

해마다 증가하는 '별다방' 수와 테이블에 놓인 흔한 '사과폰'과 '사과북'을 보노라면 이미 서양 문화 엄밀히 말하면 미국 문화에 취해버렸다. 나 역시 그렇다. 단순하게 MZ세대에게 일어나는 현상을 허세라 치부한다면 국가의 이념을 초월한 세계화를 이해하지 못했다는 뜻이다. 국가의 이념을 초월한 세계화는 일상생활에서 일어나는 수많은 결정에 지대한 영향을 끼친다. 예를 들어서 경제적 독립으로 조기 은퇴를 꿈꾸는 파이어족(FIRE)이 비단 대한민국 MZ세대에게 일어나는 특수성으로 생각할 수 있을까? 파이어족(FIRE)은 1992년 미국에서 출간한 베스트셀러 "Your money or Your life"에서 언급되었다. 파이어족(FIRE)은 'Financial Independence, Retire Early. movement'를 한국어로 직역해 그대로 소개했다. 생소한 문화를 소개했음에도 현지화를 한 흔적은 보이지 않는다. 그만큼 생각하는 게 비슷해서다. 일반적으로 선진국이 개발도상국 또는 후진국 시장에 진출할 때 현지화 전략보다는 글로벌 통합 전략을 고수한다. 말이 글로벌 통합 전략이지 일방적으로 개발도상국과 후진국에게 선진국의 방식을 강요하는 몰인정한 행동이다. 개발도상국과 후진국의 발전을 최우선 어젠다로 고려한다며 그들의 몰인정한 행동을 감쪽같이 감춘다. 탐욕스러운 손길은 자연스레 따뜻한 구제와 발전의 손길로 둔갑한다.

이러한 발상은 존 스튜어트 밀이 주창한 '선의의 제국주의'와 일맥상통한다. 선의의 제국주의란 식민지의 발전을 위해 제국주의의 관리가 필요하다는 개념이다. 선의의 제국주의를 비약적으로 인용해 낙수효과(Trickle-down effect)와 스필오버 효과(Spillover effect)가 탄생하지 않았나 싶다. 두 효과 모두 한곳(대기업 또는 특정 지역)에 이익이 집중하면 자연스레 관련한 지역(중소기업)에도 혜택이 돌아간다는 발상이다. 이제는 어이없는 발상에 웃음밖에 나오지 않는 낙수효과(Trickle-down effect)와 스필오버 효과(Spillover effect)이다. 이 효과가 성공하려면 기본적으로 부가 차고 넘치는 특정 지역(대기업)에서 관련한 지역(중소기업)으로 부를 재분배할 의지가 있어야 한다. 의지가 없다는 게 아니다. 다만 포만감을 느껴 기분이 상하기 전까지만 부의 재분배가 일어난다. 그렇기에 원하는 결괏값을 얻을 수 없다.

예를 들어서, 부자나 우리나 식사하는 양은 비슷하다. 부자라고 돈이 많아서 10끼를 한 번에 식사하지 않는다. 부자나 우리나 위의 크기는 같다. 물론 같은 한 끼라도 질적인 차이는 있을 수 있다. 우리는 7,000원으로 한 끼를 해결한다면 부자는 한 끼에 70,000원을 소비할 수 있다. 이제부터 중요한 이야기다. 부자가 평균적으로 한 끼에 소비하는 비용이 70,000원일 수는 있겠지만 700,000원을 매번 한 끼에 소비하는 부자는 거의 없다. 이게 핵심이다. 한 끼에 평균적으로 70,000원 정도를 소비하는 데 필요한 연봉을 1억이라 가정했을 때 10억을 받는 이가 이들보다 10배를 더 번다고 한 끼에 매번 700,000원을 소비하지 않는다. 그런데 우리는 어이없는 낙수효과를 왜 기대했을까? 그 이유가 슬프다. 연봉을 1억까지 받은 적이 없어서다. 한 끼에 평균적으로 70,000원을 소비한 적이 없어서다. 7,000원으로 한 끼를 때우기에 한 끼 비용이 70,000원으로 증가하려면 갈 길이 멀다. 그렇기에 연봉이 늘수록 한 끼를 소비하는 지출이 지속해서 증가한다고만 생각한다. 일정 순간에 이르면 그 이상의 비용을 소비하지 않는다는 생각을 하지 못한다. 어차피 연봉 1억 이상을 벌 수 없어서다. 연봉 1억 이상을 벌지 못하는 한 같은 한 끼를 소비하면서 주관적인 만족도가 서서히 떨어진다는 사실을 알 수 없다. 이러한 개념을 경제학에서는 '한계효용체감의 법칙'이라 한다. 결국, 연봉 1억을 대부분 받기 어렵기에 우리는 현재의 능력으로 미래를 상상할 뿐이다. 그 슬픈 상상력을 악용한 전략이 낙수효과(Trickle-down effect)와 스필오버 효과(Spillover effect)이다. 존 스튜어트 밀의 선의의 제국주의와 비슷한 세계화, 글로벌 통합 전략 역시 선진국의 동경이 없다면 성공할 수 없는 일이다. 많은 개발도상국과 후진국이 연봉 1억을 벌어본 적이 없기에 세계화의 달콤한 속삭임은 선진국의 동경으로 이루어진다. 선진국의 동경이 없다면 다국적 기업의 글로벌 통합 전략은 성공할 수 없다. 대한민국은 선진국의 글로벌 통합 전략이 통하는 나라일까? 대한민국은 그동안 세계열강의 마인드가 완벽하게 점령하지 못한 대표적인 나라였다. 예를 들어서, 대표적으로 '맥도날드'가 내세우는 글로벌 통합 전략인 '미국의 맛'으로 점유율 1위를 하지 못한 나라가 대한민국이다. 매일경제, "패스트푸드 1위 경쟁 롯데리아 vs 맘스터치"에 따르면

2020년 5월, 점유율 감소 추세에 있지만, 대한민국 브랜드 '롯데리아'가 매장 수 1위이다. 롯데리아의 점유율 감소 주범인 '맘스터치' 역시 대한민국 브랜드이다. 이것 말고도 세계의 열강이 글로벌 통합 전략으로 국내에 진출해 물러간 사례는 차고 넘친다.

한국인만 지닌 근성이 있다. GDP가 행복의 질을 완벽하게 대변할 수 없다 하더라도 중진국이 넘기 힘든 10,000달러를 넘어서 30,000달러로 진입해 선진국 대열에 선 사례만 보아도 한국인만의 특수성이 존재한다는 방증이다. MBA 유학 시절 개발도상국의 발전 사례를 언급할 때마다 외국인 교수는 대한민국의 특수성을 찬사했다. 공부하는 한국인이 나 하나였기에 자랑스러웠다. 대한민국은 'Amazing Korea'였다. 하지만 한국인이 지닌 특수성은 시간이 갈수록 바래진다. 세계화로 '바나나'화 돼가는 대한민국, 일단 미국의 일부 승리이다. 앞서 언급했지만 단순하게 밀레니얼 세대와 Z세대에게 일어나는 바나나 현상을 허세라 치부하면 올바른 접근이 아니다. 세상은 변했다. 영화 '국제시장'에서 미화했던 기성세대가 지닌 불굴의 한국인 모습이 사라졌다고 개탄할 이유는 없다. 가치관이 변해서다. 세상의 변화로 가치관이 달라진 현실을 과거의 잣대로 평가해서는 안 된다. 그렇다고 방조한다면 대한민국의 허리 역할을 일임할 MZ세대에게 책임을 전가할 뿐이다. 세상이 변한 이유도 이들의 가치관이 과거와 달라진 이유도 모두 기성세대의 선택으로 이루어진 결괏값이다. 그렇다고 기성세대를 원망할 텐가? MZ세대가 1970년대를 겪는다면 같은 선택을 하지 않았을까? 어차피 미국의 정책이 변하지 않는 한 우리에게 다른 선택지는 없다고 믿기에 그렇다. 설사 있다 하더라도 실행할 용기가 있었을까?

처음으로 돌아가자. 열심히 사는 지구인, 효율적으로 사는 화성인, 즐겁게 사는 태양인 중 어느 인류가 행복할까? 보편성 측면에서 이야기하겠다.

열심히 사는 지구인은 일을 하는 것 자체에 감사함을 느끼는 부류다. 하고 싶은 일보다 할 수 있는 일에 최선을 다하려는 부류다. 구성원으로서 각자의 일에 대한 자부심을 품는다. 조직의 소속감을 무엇보다 중요하게 생각한다. 그렇기에 조직의 정체성이 개인에게 중요한 역할을 한다. 새로운 것을 도전하기보다는 현재의 일을 꾸준하게 하는 선택을 추구한다. 미련하게 보일 때도 있다. 초기에는 시간당 받는 금액이 많지는 않다. 하지만 꾸준하게 동일한 업종에 종사했기에 은퇴 직전에는 시간당 받는 금액도 상당히 높다. 동일한 업종에 은퇴 시까지 머물렀다는 뜻은 외부환경에 흔들리지 않고 살아남았다는 증거다. 그렇기에 많은 이에게 멘토로서 좋은 귀감이 될 수 있다. 그들은 명예를 중요시하기에 자존감 역시 높다. 다만 부자가 되기는 어렵다. 그렇다고 가난하게 살지도 않는다. 문제는 30년 이상을 흔들림 없이 같은 하루를 보내야 한다. 과정과 노력을 무엇보다 중요하게 생각한다. 다만 대부분 방향성에 대한 고민을 크게 하지 않는다. 열심히 살아가는 행위에 모든 의미를 부여하기에 그렇다. 세상 변화에 큰 관심을 보이지 않는다. 열심히 사는 지구인이 좋아하는 사자성어는 '안분지족', '과유불급'이며, 속담은 "송충이는 솔잎을 먹어야 한다."이다.

효율적으로 사는 화성인은 시간당 받는 금액을 최대로 높이는 일에 집중하는 부류다. 하고 싶은 일과 할 수 있는 일에 경계선이 없다. 효율적인 업무에 관심을 가진다. 예를 들어서, 야구선수 류현진이 프로 경기 중 포수에게 공을 한 번 던질 때 발생하는 수당은 아마추어 경기 중 일반인이 포수에게 공을 한 번 던질 때 발생하는 수당과 천지 차이다. 이게 효율적으로 사는 화성인의 핵심 과제다. 이들은 쉬운 길이 있다고 생각하기에 새로운 길을 개척하려 노력한다. 세상을 운영하는 법칙이 있다고 믿는다. 그렇기에 세상의 연결고리를 찾는 데 온 힘을 다한다. 다른 이보다 요령을 찾는 감각이

탁월하기에 초기에 주위 사람에게 부러움을 사는 중심인으로 살아갈 확률이 높다. 한 가지 일에 집중해 수익을 창출하는 행위를 미련하다고 생각한다. 잡학다식하며 세상에 관심이 많기에 시대의 흐름을 누구보다 민감하게 반응한다. 기본급보다 인센티브에 민감하다. 그렇기에 직장인의 삶보다는 자영업 혹은 전문직으로 살아갈 확률이 높다. 직장인으로 살아간다면 이직을 통해 조직의 핵심이 되어 스스로 증명하는 부류다. 외부환경 변화에 민감하게 대응하기에 공수전환이 빠르다. 효율적으로 사는 화성인 중 일정 기간 부자로 살아가는 이가 많다. 시대의 흐름을 읽고 과감하게 인생을 투자하기에 그만큼 돌아오는 보상이 커서다. 다만 쉬운 길을 찾아 수익을 창출하는 행위가 단기적이다. 장기적인 일에는 쉬운 길이 없기에 그렇다. 꾸준한 노력과 긴 과정을 참지 못하기에 시대의 유혹에 빠져 인생을 무의미하게 탕진할 확률이 높다. 일정 기간만 부자로 살아가기에 지속해서 자신의 인생을 새로운 곳에 배팅해 부를 유지해야 하는 아찔함이 있다. 그렇기에 이들 인생의 성적표는 '수' 아니면 '가'이다. 세상에서 말하는 '천재'가 대부분 효율적으로 사는 화성인이다.

 즐겁게 사는 태양인은 타인과의 관계를 통해 얻는 이익을 배제한 부류다. 마음이 동해서 하고 싶은 일만 한다. 삶의 방향성이 무엇보다 우선하는 부류다. 타인과의 관계를 통해 얻는 이익을 배제하기에 모든 일에 최우선은 '자기 행복'이다. '자기 행복'을 추구하지만 개인주의 혹은 이타주의와는 다르다. 이들에게 자기 행복은 무엇을 얻느냐가 아닌 어떤 과정을 선택할 때 완성된다. 그렇기에 이익을 배제한 관계를 추구할 뿐 타인과의 관계를 부정하지 않는다. 다만 수많은 관계에서 발생하는 즐거움은 '행복'으로 이르는 길이 아니라 생각한다. 자연스레 일반적인 관계에 소원해진다. 관계에서 발생하는 즐거움은 대가를 치른다고 생각하기에 그렇다. 관계를 멀리하면 무용한 책임감에서 벗어날 수 있다고 믿는다. 이들은 사람을 통해 자신을 증명하려 하지 않는다. 다 부질없다고 생각하기에 그렇다. 그렇기에 지구인이나 화성인이 바라보는 태양인은 항상 쓸쓸하고 외로워 보인다. 지구인과 화성인은 은퇴 후 노력하지 않아도 많은 이가 태양인으로 변한다. 주위에 사람이 없어서다. 가지고 있는 게 들고 가기에 너무 무거워서다. 인생이 얼마 남지 않아서다. 그렇기에 일반적으로 태양인으로 인생을 즐기는 시간은 짧다. 태양인으로 살아가면 타인의 시선을 더는 의식하지 않기에 진정한 자유를 만끽할 수 있다. 이들은 부와 명예 그리고 권력이 타인의 관계에 대한 대가라 생각한다. 이들 앞에서 물질적인 보상은 아무런 힘을 발휘하지 못한다. 통제하려 할수록 어긋남만 지속한다. 태양인은 상대방의 마음을 빨아들이는 통찰력을 지닌 사람이다. 그렇기에 노력하지 않아도 주위에 지구인과 화성인으로 넘쳐난다. 다만 소수의 태양인만 통찰력을 인정받아 이처럼 살아간다. 이들은 관계를 멀리해 무용한 책임감에서 벗어나려 하지만 수많은 이의 삶을 살리는 위대한 자가 된다. 세상에서 말하는 '성인(聖人)'이 대부분 즐겁게 사는 태양인이다.

보편성인 측면에서 열심히 사는 지구인, 효율적으로 사는 화성인, 즐겁게 사는 태양인을 설명했다. 아직도 즐겁게 사는 태양인이 되고 싶은가? 지구인, 화성인, 태양인의 보편성은 다른 인류가 보기에는 특수성이다. 기성세대가 이질감을 느낀 MZ세대의 초국가적인 가치관 형성 역시 보편성인 동시에 특수성이다. 이들의 생각을 이해하고 존중해야 한다. 하지만 내가 속한 집단과 다른 보편성을 띠면 일방적으로 배척하고 무시하는 현상이 대한민국에 난무한다. 대표적으로 정치판이 그러하다. 사회에서 성인의 딱지도 떼기 전에 편 가르기부터 배우는 일은 너무 가혹하다. MZ세대에게 당부하고 싶다. 어느 편에 서서 무엇이 되느냐가 중요한 게 아니다. 무엇을 하려고 어떠한 과정을 즐기느냐가 중요하다. MZ세대에게 '편(side)'은 크게 의미가 없다. '낙수효과'가 MZ세대에게 통하지 않는 이유와 같다. 초국가적인 가치관으로 세상을 바라보는 MZ세대는 그동안 20대와 30대를 겪었던 다른 세대보다 더욱더 많은 기회와 위험이 상존한다. 그렇기에 관점의 변화가 필요하다.

 관점의 변화는 기성세대와 MZ세대, 양방향으로 이루어져야 한다. 단순하게 서로의 특수성을 이해해 협력하자는 교과서적인 이야기가 아니다. 앞서 언급했지만 MZ세대의 가치관은 하늘에서 떨어진 게 아니다. 정말로 그렇다. 없던 게 갑자기 생겨 이들과 함께하는 게 아니라는 뜻이다. 사회는 시간의 연속성을 고려치 않고 나와 다른 이를 특정 구간으로 구획 지어 설명하려 한다. 예를 들어서, 386세대, X세대, 밀레니얼 세대, Z 세대 등이 그렇다. 나 역시 이 특정 구간의 보편성인 동시에 특수성을 십분 활용한다. 하지만 시간은 끊어지지 않는 뫼비우스 띠에 놓인 영원의 존재다. 개인은 요람에서 무덤까지 딱 한 번의 생애주기를 경험한다. 한 번의 생애주기를 겪는 인간은 들판에 굴러다니는 바위의 삶을 이해하기 어렵다. 들판에 굴러다니는 바위가 흙이 되기까지의 고결한 인고의 시간을 한낱 인간 따위가 이해할 리 없기에 그렇다. 그렇기에 인간은 무리 지어 자기와 다른 무리를 멋대로 재단한다. 그래야 내 편이 더욱더 강성해지기에 그렇다. 그래야 살아있는 동안 거짓으로 불린 허깨비를 유지할 수 있어서다. 바위가 흙이 되는 과정을 인간이 겪을 수 있다면 이처럼 시간을 재단해 박제할 수 없다. 뫼비우스 띠는 안과 밖의 구별이 없어 시작과 끝을 알 수 없다. 뫼비우스 띠 안에서는 관점에 따라 시작과 끝을 구분하는 게 의미가 없어서다. 세대만의 특수성을 구별 지어 설명하려는 행동이 문제는 아니다. 다만 세대의 특수성을 만들어가는 과정에서 '내'가 일조하지 않았다고 생각하는 게 문제다. 그 또래가 아니기에 나랑 관련이 없다고 생각하는 게 문제다. 시간을 무 자르듯 재단해 탄생한 세대의 보편성은 각 세대가 책임을 회피하기 위한 자기방어기제에 불과하다. 그렇기에 들판에 굴러다니는 바위가 흙이 되기까지의 고결한 인고의 시간을 이해하지 못하는 이유다. 바위가 흙이 되기까지의 필요한 모든 사건을 구분 지어 설명할 수 있어도 각 사건이 따로 발생하기는 어렵다. 모든 사건은 유기적으로 얽혀있다. 인간이 발전하는 과정 역시 바위가 흙이 되는 과정과 다르지 않다. 한순간에 새로운 특수성이 태어나기 어렵다는 뜻이다. 그렇기에 MZ세대의 특수성을 마치 크립토 행성에서 태어난 슈퍼맨의 이질적인 능력을 지구인의 위협으로 감지한 배트맨처럼 대응하면 안 된다. 이들은 외계인이 아닌 지구인이기에 그렇다. 바위가 고결한 인고의 시간으로 흙이 되어 다시 고결한 인고의 시간을 거슬러 바위로 돌아간다. 다만 나중 바위는 처음 바위의 본질을 유지하며 새롭게 변모한다. 자연의 섭리는 뫼비우스 띠처럼 시작과 끝을 구분하는 게 의미가 없다. 시작은 끝이며 끝은 새로운 시작을 의미하기에 그렇다. 인간이 자연의 섭리 안에 존재하는 피조물이라면 발전하는 과정도 이와 비슷하다 믿는다. 단순하게 시간의 물리적 흐름으로만 이해하면 각 세대의 형성은 일방적으로 비칠 수 있다. 즉 계곡물이 흘러 시냇물을 만들고 시냇물이 흘러 강을 만든 후 강이 흘러 바다를 만든다는 일방적 생각이다. 이와 같은 생각으로 각 세대의 문제점에 접근하면 누군가는 계곡물이 더럽기에 시냇물이 더럽고 그렇기에 강과 바다가 더럽다고 비판하고 또 누군가는 계곡물은 깨끗하지만 시냇물이 더러워 강과 바다가 더럽다고 주장하고 또 누군가는 계곡물과 시냇물은 깨끗하지만 강이 더러워 바다가 더러워졌다고 외칠지 모르겠다. 자연의 섭리를 주관하는 시간을 이처럼 재단해 시비를 따지는 게 얼마나 미련한 행동인지 인간만 모른다.

 동시대에 시간은 우리에게 다양한 역할을 선물한다. 누구에게 우리는 자식이고, 아버지이며, 손자이며, 친구이며, 동료이며, 직원이며, 고용주이며, 고객이며, 사장이며, 멘토이며, 멘티이다. 이처럼 시간은 사회를 구성하는 하나의 인격체에 다양한 역할을 요구한다. 각 역할에 부응하려고 상대방에게 비치는 모습이 다를 수 있다. 그렇다고 우리가 다른 사람이 되지 않는다. 자연의 섭리에 순응해 나중 바위(각 역할)는 처음 바위(우리)의 본질을 유지하며 새롭게 변모한다. 이처럼 MZ세대는 우리 딸이고 아들이자 친구이며 동료이며, 아버지며, 어머니며, 멘토이며, 멘티이다. MZ세대가 품은 누군가에게 무모하고 위험한 생각은 이들이 가진 수많은 역할 중 하나를 대변할 뿐이다.

  만약 이들의 생각이 무모하고 위험하다면 어디서 흘러왔고 어디로 흘러가는지 고민해야 한다. 열심히 사는 지구인, 효율적으로 사는 화성인, 즐겁게 사는 태양인으로 확연하게 구분할 수 있는 인간이 존재할까? 처음부터 지구인, 화성인, 태양인으로 구분해 나와 타인을 정리하는 게 문제이다. 처음부터 지구인, 화성인 태양인으로 구분해 나와 타인의 교류를 차단하는 게 문제이다. 처음부터 지구인, 화성인, 태양인으로 구분해 나와 타인의 생각을 분리하는 게 문제이다. 각 세대의 생각과 행동은 처음부터 분리할 수 없는 인간의 과거이자 현재이자 미래의 모습이기에 그렇다. 누가 감히 시간을 찢어 앨범 속에 가둬 박제하려 하는가? MZ세대의 생각과 행동이 우리와 다른 게 아니다. 이들은 우리의 과거로 탄생한 현재이며 앞으로 새로운 세대를 이끌며 지휘할 미래이다. 세대의 형성은 일방적이지 않다. 지금도 활발하게 과거의 세대와 현재의 세대와 미래의 세대가 본질을 유지한 채 조금씩 변모 중이다.

  마음이 뭉클하다. 영어책이 아닌 에세이는 처음 집필하기에 눈물을 이렇게 많이 흘려야 하는 장르인지 몰랐다. 늘어가는 주름의 이성을 선택한 대가로 세상을 집어삼키는 붉은 용암의 감정을 잃었다고 생각했는데 말이다. 머릿속에 남몰래 숨겨둬 뿌옇게 흩어진 잔상을 가슴에 꾹꾹 눌러서 한 글자 한 글자 선택해 문장을 만든다. 그리고 조심스럽게 내 마음을 세상으로 내보낸다. 하나님 그리고 시간이 내게 준 역할은 무엇인가? 나는 지금 어떠한 역할로 북받치는 감정을 추스르며 글을 쓰는가? 앞으로 우리보다 오랜 시간 동안 누군가를 사랑하고 사랑해야 할 MZ세대는 찢어진 싸구려 천 쪼가리 보물상자를 얼마 남지 않은 실로 봉합해 미래를 살아갈 자이다. 우리는 싸구려 천 쪼가리 보물상자를 바꿔줄 힘도 얼마 남지 않은 실을 갖춰줄 능력도 없다. 우리의 현재가 너무나 소중해 과거와 미래를 연결하는 중간자 역할을 멀리 해서다. 그렇기에 미래를 짊어질 세대가 고통스럽게 절규하는 모습을 무기력하게 바라볼 수밖에 없다. 그게 우리의 형벌이다. 보편성과 세계화 양념으로 버무린 낙수효과 김치를 만든 우리가 이들에게 무슨 변명을 할 수 있을까?

미안하다.

응원한다.

사랑한다.

"미라클 모닝(Miracle Morning)으로 아침형 인간(Early Bird)이 된다고 자존감이 향상할까?"

미라클 모닝(Miracle Morning)이라는 표현을 들어본 적 있는가? 표현이 생소하다면 당신도 나처럼 기성세대에 안착한 젊은 꼰대이거나 X세대 부모님일 확률이 높다. 미라클 모닝(Miracle Morning)은 요즘 20·30세대가 열광하는 자기계발 방법이다. X세대에게도 열광했던 비슷한 용어가 있었다. '아침형 인간(Early Bird)'이다. 미라클 모닝(Miracle Morning)은 출근하기 전 혹은 일상이 시작되기 2~3시간 전에 일어나 자기만의 시간을 만끽하며 자기계발을 통해 자존감을 만나는 훈련이다. 아침형 인간(Early Bird)도 이와 사뭇 다르지 않기에 큰 감흥은 없다. 차이라면 아침형 인간(Early Bird)은 인생의 성공을 목적으로 탄생한 용어지만 미라클 모닝(Miracle Morning)을 실천하는 이유는 자존감을 만나는 게 주된 목적이다. 아침형 인간(Early Bird)의 용어가 X세대의 마음을 훔치던 그 시절, '자존감'이라는 단어가 나와 함께

했는지 당시를 회상한다. 그렇지 않다. 당시는 자존감의 중요성을 이야기하는 X세대를 본 기억이 없다. 적어도 내 주위는 그렇다. 어느 시점이 지난 이후로 한국인에게 자존감은 무척이나 중요한 키워드가 되었다. 매스 미디어의 힘이다. 그동안 매스 미디어의 부정적인 면만 에세이에 언급했다. 진실한 사회 공익성 내용이라면, 보도가 무엇을 파괴하든 값진 일이라 믿는 매스 미디어의 행태를 손들며 반기지 않는다. 세상을 난도질해 얻은 진실이 누구를 행복하게 할 수 있는지 아직도 난 의문이다. 소인배라 그런가 보다. 다만 X세대의 20·30 시절에는 익숙지 않았던 자존감을 MZ세대에게 선물해 준 매스 미디어의 역할은 소인배의 눈으로도 부정하기 어려운 쾌거다. 매스 미디어가 오래간만에 기특한 일을 했다. 칭찬할만하다. 짝짝짝.

인생의 성공이 무엇보다 중요하다고 배웠던 X세대에게 자존감은 왠지 낯설다. 내게도 그렇다. 십 대들의 '중2병' 혹은 '플렉스(Flex)'의 일종으로 자존감을 치부할 수 있을까? 자존감을 이면지에 반복적으로 쓰면 친해질 수 있을까? 그래서 써보기로 했다. 결과는 영 아니올시다. 사실 거짓말이다. 자존감은 비생산적인 사유의 대표적인 주제다. 이 단어가 익숙하지 않던 시절부터 비생산적인 사유의 주제로 지금까지 살아온 X세대다. 그래서 그런가? 그때도 지금도 난 여전히 사회 부적응자다. 무채색 사회에서 비생산적인 사유의 주제는 눈에 보이는 수익과 관련이 없기에 동서고금을 막론하고 하찮게 취급한다. 그렇기에 무채색 사회가 조금씩 병들어간다는 사실을 알고 있을까? 비생산적 사유의 주제는 미제 사건처럼 다음 세대에게 이관한다. 해결되지 않은 채 이들은 다른 시간대에 살아가며 부르는 용어만 다를 뿐이다. '자존감'도 이와 같다. 마케팅이 필요한 순간이다. 같은 내용을 세대가 좋아하는 단어로 예쁘게 포장해 판매하는 마케팅이 달갑지는 않다. 다만 이러한 상술이 있기에 천년이 지나도 동일한 생각을 세대 간 전달해 문명이 발전할 수 있다고 생각한다. 그렇기에 불안한 심리를 자극해 불필요한 재화를 구매하게 하는 상술의 진원지인 마케팅이 이룬 쾌거다. 이것도 온고지신(溫故知新)이라 할 수 있을까? 여하튼 오랜간만에 기특한 일을 했다. 칭찬할만하다. 짝짝짝.

    때로는 상술도 좋은 일을 한다. 모든 이에게 정도(正道)를 걸으라 강요하는 게 얼마나 잔인한 일인지 알아서다. 2021년 대한민국이 그렇다. 마음은 상술의 꽃밭에 있는데 세상은 기성세대도 처음 걷는 정도(正道)만 강요한다. 기존의 결과를 부정하고 변화를 시도하는 이 땅에서 MZ세대의 역할은 가혹하다. 기존의 결과를 부정하니 MZ세대는 무엇이든 비교할 사례가 없다. 진퇴양난(進退兩難)이다. 이들은 새로운 세상을 열어가는 첫 사례다. 더 나은 세상을 위해 사회의 실험체처럼 살아가는 MZ세대의 현실은 너무나 슬프다. MZ세대가 이런 곳에서 숨이나 쉴 수 있을까? 최소한 숨 쉴 공간은 만들어주고 변화를 외치던가….

X세대가 자존감의 중요성을 깨닫고 허심탄회하게 대화하려 내면의 문으로 다가갔을 때는 이미 많은 이와 관계를 맺어 지켜야 할 게 많아진 시점이었다. 지켜야 할 게 많으면 내면과 만나 대화하기 어렵다. 포기할 게 많아서다. 무채색 사회에서 관계를 통한 사회화가 무엇보다 중요하다고 배운 X세대에게 자존감은 10대 때나 부리는 몽니처럼 느껴지지 않았을까? 설사 그게 몽니라 하더라도 성인이 되어서도 간직하고 싶었던 게 X세대의 솔직한 마음이다. 386세대에게 개인주의가 강해 자신밖에 모르는 고문관이라 비난받아도 굴하지 않고 개성을 마음껏 표출하고 싶었던 오렌지족이었다. 무자비한 일본의 고문을 끝까지 버티면서 한국인의 긍지를 지킨 독립투사의 불타는 열정만큼은 아니더라도 X세대가 사회에서 자신을 표출해 '온전한 나'로 살아가고 싶은 열정은 대단했다. 자존감이라는 단어가 당시에 유행하지는 않았지만, 사회에 반하는 이탈적 행동 자체가 자존감을 표현하는 X세대의 언어였다.

하지만 2021년, 저항정신을 여전히 간직한 X세대를 찾아

보기 어렵다. 우리는 무채색 사회에서 성인이 된 후 단정하게 머리를 자르고 정장을 입은 후 타인의 욕망으로 점철된 끊어지지 않는 타이를 스스로 매어 그렇게 386세대를 닮아가며 동경했다. 자기만의 표현으로 내면의 문까지 다가서기는 했지만 마주 서 대화할 용기까지는 없었나 보다. 그만큼 간절하게 느끼지 않았나 보다. 자존감이 밥 먹여주는 게 아니니까. 그래, 그 당시에 난 그랬다. 말콤 글래드웰의 '아웃라이어'가 출간됐을 때 20대였던 X세대는 '일만 시간의 법칙'에 취해 열광했다. 지금도 일만 시간의 법칙을 믿는다. 다만, '10년'의 시간이 얼마나 길고 고통스러운 인내를 감내해야 하는지 혈기왕성한 20대가 알 리가 없지 않은가? 구체적으로 설명해 주는 어른도 없었다. 혈기왕성한 20대는 시간이 없는 것처럼 조급했기에 누가 시키지 않아도 아침형 인간(Early Bird)이 되어 조금이라도 빨리 일만 시간의 법칙을 달성하고 싶었다. 일과를 시작하기 전에 자기계발을 위해 일찍 일어나는 아침형 인간(Early Bird)은 일만 시간의 법칙과 맞물려 물리적 성공의 지름길이라 믿었다. X세대치고 흉내 내지 않은 이가 없었다. 시간이 흘렀다. 당분간 대한민국의 허리는 X세대가 일임한다. 개인적으로 불안하기만 하다. X세대에게 필요한 10년이 흘러 40대인 지금, 이들 모두 일만 시간의 법칙을 활용해 어떤 세대보다 뛰어난 아침형 인간(Early Bird)이 되었을까? 그렇게 되었다면 MZ세대가 우리를 존경해 닮으려 했을 것이다. 현실은 40대와 20대는 앙숙이 되어 버렸다. 슬프다. 그리고 허탈하다.

아침형 인간(Early Bird)이 되려면 무엇보다 유흥(幽興)으로 흘러가는 시간을 진심으로 아까워해야 한다. 2000년도 초·중반, 20대인 X세대가 가장 좋아하는 말은 'Seize the day', 'Carpe diem', '오늘을 즐겨라.'였다. 일만 시간의 법칙에 열광하여 아침형 인간(Early Bird)이 되려 하면서 가슴속에는 'Sieze the day'를 찬양했다. 우린(적어도 나는) 유흥(幽興)에 미쳐 있었다. 20·30세대가 유흥(幽興)으로 흘러가는 시간을 진심으로 아까워해 아침형 인간(Early Bird)으로 살아간다는 게 사실 기적이다. 유흥(幽興)의 사전적 의미는 즐겁게 놀 때 일어나는 그윽한 흥취이다. 그윽한 흥취로 즐겁게 놀기 위해 선택하는 과정이 문제이기에 유흥(幽興)을 나쁘게만 생각하지 않았으면 한다. 나를 믿어주고 아껴주는 지인, 희뿌연 담배 연기, 그리고 새벽이슬을 벗 삼아 카세트 플레이어에서 흘러나오는 레드제플린의 'Since I've been loving you.'에 취해, 라면수프 안주에 알코올 도수 25도인 '빨간 뚜껑의 두꺼비 소주'를 먹지 않았다면 감성을 논하지 말라. 이런 게 유흥(幽興)의 참맛이다. 2021년, MZ세대가 아침형 인간(Early Bird)이 되기 위해 유흥(幽興)을 끊어야 할까? 왜 그래야 하는지도 모르겠다.

    2021년, 입술(lips)을 시작으로 식도(食道)의 터널 갈림길에 도착해 하나는 폐(lung) 국도로 또 다른 하나는 위(stomach) 국도로 거쳐 유흥(幽興)의 무릉도원으로 안내하는 담배와 술은 더는 내게 아무런 감흥을 주지 못한다. 그렇게 젊은 시절에 나를 지워간다. 그렇다고 아침형 인간(Early Bird)도 아니다. 하지만 흘러가는 시간을 진심으로 아까워한다. 또한, 아침형 인간(Early Bird)이 되려면 신체와 정신 모두 건강해야 한다. 신체와 정신 중 무엇이 더 삶을 살아가는 데 중요하냐 질문한다면 단연코 강한 정신력이 육체를 지배한다고 답하는 X세대가 많지 않을까? X세대의 십 대 시절을 풍미했던 만화만 보더라도 그 당시에 청소년에게 어떠한 메시지를 던지고 싶었는지 대번 알 수 있다.

    토리야마 아키라의 대표작 '드래곤볼'은 1989년, 서울문화사에서 판권을 수입해 '아이큐 점프'에서 정식으로 연재했다. 매번 신체의 한계를 초월해 계왕권 10배를 평상시에도 사용할 수 있도록 훈련한 손오공은 초등학교 시절 나의 우상이었다. 특히 기뉴 특공대 대장과 첫 대면에서 스카우터로 전투력을 체크했을 때 손오공의 전투력은 '18만'이었다. 32년이 지난 지금에도 잊을 수 없는 숫자다. 얼마나 계왕권을 초등학교 때 사용하고 싶었는지 모른다. 게다가 크리링이 프리저에게 살해당한 후 분노로 눈을 뜬 손오공의 첫 초사이언 모습은 무엇보다 눈물 날만큼 흥분했던 장면이었다. 처음으로 등장한 초사이언의 모습을 만화에서 영접했을 때 흥분해 기절할뻔했다. 이토록 멋지고 당당하며 아름다운 모습을 살면서 구경한 적이 없기에 그렇다. 손오공은 정신력으로 육체를 초월한, 내게 '호연지기' 그 자체였다.

중학교로 거슬러 올라가자. 다들 예상하지만, 이노우에 다케히코의 대표작 '슬램덩크'를 이야기하지 않으면 X세대의 십 대 시절을 이해하기 어렵다. 1992년, 도서출판 대원에서 슬램덩크의 판권을 수입해 '소년 챔프'에서 정식으로 연재했다. 이들의 숨은 노력으로 탄생한 슬램덩크의 한국어 명대사를 같이 나누고자 한다. 단연코 주인공 '강백호'가 성장하는 모습에 우리 모두 열광했다. 수많은 명대사 중에 강백호가 허리 부상에도 다른 선수와 교체하지 않고 안 감독에게 질문했던 그 장면은 29년이 지난 지금에도 울컥한다.

"영감님의 영광의 시대는 언제였죠?"
"난 지금입니다." (슬램덩크, 1992)

농구의 길을 떠나 불량 청소년으로 세월을 낭비했지만 농구가 너무 하고 싶기에 다시 돌아온 '불꽃남자 정대만'은 어떠한가? 산왕전에서 불꽃남자 정대만의 대사는 X세대 가슴에 큰 울림을 주었다.

"그래 난 정대만"
"포기를 모르는 남자지."
"이제 내겐 링밖에 보이지 않아!" (슬램덩크, 1992)

슬램덩크와 드래곤볼 모두 훈련을 통해 정신력이 육체를 이겨낼 수 있다는 공통점을 지닌 만화다. 결국, 그게 386세대가 X세대에게 던지는 메시지였다. 그 당시에 대부분 만화의 기조는 이와 같았다. '노력, 끈기, 훈련'이 X세대에게 전하는 멘토링의 근간이었다. X세대의 나약한 모습을 인정하고 다독이는 멘토링은 당시에 존재하지 않았다. 우리는 경쟁해야 했고 노력해야 했고 포기하지 않아야 했다. 따뜻한 말 한마디보다 카리스마를 보이며 목표를 향해 전진하라 강조했다. 당근을 먹어본 기억이 있던가? 늘 채찍으로 자신을 가학적으로 몰아갔다. X세대의 나약한 모습은 X세대의 본연이 아니기에 인정하지 않았다. 모든 나약한 면은 훈련으로 극복할 수 있다고 믿었다. 그래서 그런가? 우린 항상 강한 사람이 되어야 한다는 강박증을 지닌 채로 십 대 시절을 보냈다. 누구보다 타인의 시선이 중요하다고 생각하면서…

그렇다고 지금 강한 사람이 되었나? 현재 우린 방향도 의지도 모호한 '온실 속 화초'의 대표적 세대이다.

MZ세대의 멘토링은 X세대의 멘토링과 사뭇 다르다. 현재 MZ세대의 멘토링은 "힘들면 괜찮아, 잠시 멈추어서 나를 찾아가는 여정을 떠나봐."이다. MZ세대에게 경쟁할 이유도 없고 억지로 노력할 이유도 없으며 힘들면 잠시 숨을 고르며 멈추라고 조언한다. 무엇보다 자신을 찾아가는 과정에서 자존감을 만나라고 따뜻한 위로를 건넨다. 10년 만에 채찍질은 사라지고 당근으로 지친 마음을 위로하는 멘토링으로 변해갔다. 사실 이 부분이 놀랍다. 386 이전 세대가 386세대에게 그리고 X세대까지 흐른 '시간의 멘토링'은 정도의 차이는 있지만 동일한 방향을 유지한다. 하지만 X세대가 MZ세대로 넘어온 시간의 멘토링은 전혀 다른 방향이다. 멘토링은 각 시대의 중요성을 파악하기 좋은 자료다. 왜 갑자기 멘토링의 방향이 바뀌었을까? 이 장을 마무리할 때 이야기하겠다.

미라클 모닝(Miracle Morning)으로 아침형 인간(Early Bird)이 되려고 신체 능력을 키우고 정신력을 강화하는 게 정말 도움이 되는지 비평적으로 이야기하려 한다. 현재 꾸준히 미라클 모닝(Miracle Morning)을 훈련하는 초심자라면 내 이야기를 무시해라. 소소한 계획을 세워 반복적으로 성취해 하루를 살아가는 방법은 어떤 프로젝트도 스스로 만들지 않아 시간을 낭비하는 자보다 100배는 훌륭하다고 생각하기에 그렇다. 다만 꾸준하게 미라클 모닝(Miracle Morning) 훈련으로 아침형 인간(Early Bird)이 되려고 노력했음에도 신체 능력 혹은 정신력 무엇도 강화하지 못했다면, 설정한 목표를 꾸준하게 행하는 게 어려워 미라클 모닝(Miracle Morning) 훈련의 포기가 잦다면, 내 이야기가 도움이 될 거라 믿는다. 미라클 모닝(Miracle Morning) 훈련으로 아침형 인간(Early Bird)이 되려고 노력했음에도 설정한 목표를 꾸준하게 행하는 게 어려워 포기가 잦다면 자문해야 한다. 이는 신체 능력과 정신력이 부족해서가 아니다.

> 미라클 모닝(Miracle Morning) 훈련으로
> 아침형 인간(Early Bird)이 되는 게
> 내게 의미 있는 일일까?

신의 실수로 신체 능력과 정신력이 비범하게 빚어진 누군가가 미라클 모닝(Miracle Morning)과 아침형 인간(Early Bird)을 창조했다. 우리가 배우고 따르는 모든 법칙과 과정은 실수로 인해 빚어진 비범한 자가 신에게 대적해 이룬 처절한 고통의 흔적이다. 비범한 자의 탄생이 신의 실수이기에 비범한 자의 말로와 인생 과정이 대부분 허무하고 허탈하며

고통스럽다. 하지만 세상은 아이러니하게도 신의 실수를 부러워하고 찬양한다. 하루살이가 오늘의 죽음을 억울해하여 내일의 삶을 쟁취하려고 신께 도전하는 모습은 상상하기 어렵다. 우리는 축복받은 보통 사람이기에 그런 불편한 상상을 하지 않는다. 세상을 바꾸는 자, 세상을 혁신하는 자, 세상을 다르게 보는 자를 칭송하기 바쁜 대중매체는 이들의 삶이 얼마나 허무하고 허탈하며 고통스러운지 말하지 않는다. 테이블 안이 아닌 밖에서 비범한 자의 삶을 조명해서다. 에덴동산은 그 자체가 '완벽함'이었다. 선악과를 취한 후 인간은 본래의 자연을 훼손하여 삶을 영유하기 시작했다. 에덴동산에서 비범한 자가 이루어 놓은 문명의 위대한 발전을 신이 허락한 합당한 행동이라 생각할 수 있을까? 무자비한 최상위 포식자로 군림해 '에덴동산의 완벽함'을 해하는 행위를 누구도 허락했을 리 없다.

우리 할아버지는 35세에 돌아가셨다.
이웃집 할아버지도 35세에 돌아가셨다.

우리 할머니는 35살에 돌아가셨다.
이웃집 할머니도 35살에 돌아가셨다.

우리 아버지는 35살에 돌아가셨다.
이웃집 친구 아버지도 35살에 돌아가셨다.

우리 어머니는 35살에 돌아가셨다.
이웃집 친구 어머니도 35살에 돌아가셨다.

내 나이 20살이다.

난 아마도 15년 후 하늘에 계신
할아버지와 할머니
아버지와 어머니를
만나겠지.

타 동네 사람이 우리 마을에 왔다.
그리고 우리에게 이상한 이야기를 한다.

우리가 구정물을 마셨기에
모두 단명했다고.

단명? 그게 무슨 소리일까?
35살이 단명이라고?

그동안 장수하는 삶이라 생각했는데…

그리고 본 적도 없는 눈부시도록
투명한 물을 선물한다.

투명한 물을 마시니
우리와 늘 함께한 복통이 사라졌다.

기적이었다.

그런데
모든 이에게 투명한 물을 충분하게 공급할 수 없었다.

투명한 물을 관리하는 특정 부류가 탄생했다.
이유는 나도 모른다.

투명한 물을 관리하는 특정 부류가
오늘도 우리에게 투명한 물을 제공하느라
얼굴에 땀이 맺는다.

너무나 고마운 사람들이다.

나도 이처럼 훌륭한 사람이 되어
많은 사람에게 도움이 되고 싶다.

그런데 투명한 물을 우리 마을에
제공한 이후로

누구는 35살을 넘어서 살아가고
누구는 35살을 넘지 못한다.

투명한 물이 부족했기에
서로 쟁취하려 다툼이 일어났다.

투명한 물을 스스로 만든다고
양식을 제공한 평온한 숲을
파헤치기 시작했다.

평온한 숲이
붉게 물들고
끔찍한 비명으로 가득 찬다.

그리고

35살을 넘긴 자는 앞으로
무엇을 하며 살아야 할지
막막하다.

혼란스럽다.
투명한 물은 축복임에 틀림없는데

우리 마을은 왜 이전보다
더욱더 혼란스러워졌을까?

신의 실수를 칭송한
인간에게 내려지는 형벌일지도.

    그렇기에 보통 사람이라면 비범한 자가 누리는 찰나의 행복을 부러워할 이유가 없다. 찰나의 행복으로 세상이 이들을 주목할지 모르지만 신은 스스로 범한 실수를 만회하려고 비범한 자에게 끊임없는 고통을 선사한다. 또한, 타인의 상상으로 빚어진 찰나의 행복을 실제로 비범한 자가 행복이라 생각했을까? 그럴 리 없다. 찰나의 행복을 누리는 자가 위대한 업적을 달성하려고 무엇을 포기했는지 생각했으면 한다. 위대한 업적을 세우는 과정조차 순탄하지 않기에 보통 사람이 겪지 않을 엄청난 고통을 항상 감내해야 한다. 예를 들어서, 우리가 사랑하는 개그맨 유재석을 '유느님'이라 부르며 그의 인성을 칭송한다. 한 사람의 삶을 이해하려면 동전의 앞뒷면 모두 바라볼 용기가 있어야 한다. 보통 사람의 시선으로 유느님은 찰나의 행복을 누리는 중이다. 하지만 유느님이라는 호칭을 얻기 위해 무엇을 포기하고 사는지 우리는 마주할 용기가 없다. 동전의 이면을 마주할 용기가 있다면 유느님의 삶을 행복하다 여기는 자가 몇이나 될까? 보통 사람에게는 견디기 힘든 지옥이기에 그렇다. 유느님처럼 살아가는 수많은 비범한 자의 험난한 어제의 도전으로 보통 사람은 존재하지 않아 상상하기 힘든 오늘을 행복하게 살아간다. 정말 감사한 일이다. 하지만 치열한 삶으로 이루어 낸 위대한 업적이 비범한 자에게 행복을 보상할까?

눈을 뜨고 감을 때까지
세상의 이로움을 위해
걱정하고 또 걱정하는
비범한 자가

그렇게 생각하고 싶어서
생각하는 게 아니다.

그렇게 행동하고 싶어서
행동하는 게 아니다.

그렇게 생각하지 않고
그렇게 행동하지 않으면

스스로 불안해
미치기 때문이다.

이보다 가혹한 형벌이
또 있을까?

대의를 짊어지고
가시밭을 걷는
형벌에 얽매이지 않는

보통 사람으로서 살아가는 게
인생의 가장 큰 축복이다.

미라클 모닝(Miracle Morning) 훈련으로 아침형 인간 (Early Bird)이 되기 어려운 이유는 정신력과 신체 능력이 부족해서가 아니다. 하지만 많은 이가 미라클 모닝(Miracle Morning) 훈련의 실패로 정신력과 신체 능력이 상대적으로 부족하다고 스스로 평가하는 잣대가 되곤 한다. 그러지 않았으면 한다. 앞서 이야기했지만 태어날 때부터 신의 실수로 다른 이보다 신체 능력과 정신력이 강한 자들이 더러 있다. 설사 미라클 모닝(Miracle Morning) 훈련으로 우리가 존경하는 이가 아침형 인간(Early Bird)으로 살아간다고 하더라도 이건 그들의 특별한 재능일지도 모른다. 비범한 자가 지닌 재능으로 이루어진 산물을 따라 하지 못한다고 스스로 비난할 이유는 없다.

일반적으로 하루에 집중할 수 있는 시간은 4시간 이내로 알려져 있다. "4시간 자면 서울대 입학하고 5시간 자면 서울대에 가지 못한다."라는 '4당 5락'이라는 표현을 기억하는가? X세대라면 모두 기억하는 추억의 단어다. 엉덩이가 무거우면 서울대를 간다고 믿었던 시절에는 보통 4시간 이상을 책상 앞에 앉아 공부했다. 미라클 모닝(Miracle Morning)과 아침형 인간(Early Bird)이 존재하지 않던 시절부터 X세대와 386세대는 미라클 모닝(Miracle Morning) 훈련으로 아침형 인간(Early Bird)이 되기를 강요받았다. 당시 친구끼리 아침 인사로 "오늘 몇 시에 일어났어?" 혹은 "어제 몇 시에 잤어?"였다. 잠을 줄이면 뭐 하는가? 등교해서 수업 시간에 꾸벅 줄다 선생님께 혼나기 일쑤다. 시험 기간은 정신이 몽롱한 채로 정처 없이 걷다가 집과 다른 방향으로 걷는 모습을 발견하고 몽유병 환자가 아닌가 걱정한 적도 있었다. 결국, 서울대를 가지 못했다. 서울대와 영문 표기가 비슷한 대학에 가기는 했다. 인생에서 '서울대'가 상징하는 바가 과거의 영광에 사로잡혀 눈앞의 변화를 이해하지 못하는 '미련함'이라는 사실을 30대 중반이 지나서야 알게 되었다. 십 대 시절로 돌아가면 시험 성적에 연연하지 말고 독서를 통해 삶을 바라보는 넓은 시야와 인성을 갖추라 조언하고 싶다. 틀에 박힌 뻔한 소리이지만 독서를 통해 삶을 바라보는 넓은 시야와 인성을 갖추면 상술이 난무하는 성인사회에서 흔들리지 않고 자기의 길을 묵묵히 걸을 수 있어서다. 넓은 시야를 통해 거시적 관점을 만들지 못하면 현재를 흔들어 두려움을 심어주는 상술꾼의 조언을 듣는 게 지혜롭다 착각해서다. 인성을 올바르게 갖추지 못하면 상술꾼의 조언에 속아 인생을 낭비한 분노를 누군가에게 같은 방식으로 풀어 보상받으려는 심리가 강해서다. 그렇게 무채색 사회에서 상술꾼으로 시나브로 전락하는 경우가 허다하다. 나는 이를 몰랐기에 허물이 크다. 허물이 또 다른 누군가를 잡아먹기 전에 멈추고 싶었다. 그렇기에 에세이는 내게 지난날의 과오를 후회하는 반성문이다. 독서를 통해 삶을 바라보는 넓은 시야와 인성을 갖추는 게 미라클 모닝(Miracle Morning) 훈련으로 아침형 인간(Early Bird)이 되는 것보다 100배는 나은 인간으로 만들어준다고 믿는다.

하지만 성인이 되어 글을 쓰면서 집중하는 시간은 더욱 더 짧아졌다. 사실 1시간을 집중하기 어렵다. 수동적으로 주어진 업무가 아니기에 그렇다. 누구도 시키지 않은 일을 해야 하기에 최적의 글쓰기 시간을 고민한다. 엉덩이가 무겁다고 좋은 글을 쓸 수 없다. 꼬리에 꼬리를 무는 질문으로 한 문장도 쓰지 못해 소비하는 하루가 허다하다. 늦은 밤이나 이른 아침에 글을 쓰려니 너무 피곤하다. 아침, 오후 또는 저녁에 글을 쓴다고 좋은 생각이 떠오르지도 않는다. 글쓰기의 특정한 시간이 내게 집중력을 발휘하지 않는다. 집중력이 좋다고 좋은 문장이 나오지도 않는다. 현재 내게 특정 시간대와 집중력은 좋은 글을 쓰기 위한 요건이 아니다. 비범한 자가 가르친 방식이 내 삶에서는 그리 쓸모 있지는 않다. 그렇다고 죄책감에 빠져 자책하지 않는다. 비범한 자가 지닌 재능으로 이루어진 산물을 따라 하지 못한다고 자신을 비난할 이유는 없기에 그렇다. 다만 한 가지 의문이 머리를 스친다.

**일의 효율을 높여 꾸준하게
임할 수 있는 시간은 어느 정도일까?**

직장인이 조직에 머무르는 시간은 법적으로 주 52시간이다. 연장근로 12시간을 제외하면 실제 근무하는 시간은 주 40시간이다. 5일을 기준으로 하루에 8시간을 조직에 머물러 주어진 업무를 수행한다. 건강한 신체를 유지하려면 하루에 8시간을 숙면하라는 조언을 흔하게 듣지만, 하루에 8시간을 업무시간으로 규정한 이유에 대해서 고민한 적이 있는가? 별로 없을 것이다. 숙면 시간은 능동적으로 결정할 수 있는 반면에 업무시간은 수동적이기에 그렇다. 회사는 업무시간을 하루에 8시간으로 왜 규정했을까? 질문을 던졌으니 오늘부터 고민했으면 한다. 그래야 성장한다. 회사에서 원하는 성과를 내려면 반복적인 업무를 하루에 8시간씩 직원에게 꾸준하게 시켜야 투자 대비 효율성이 높아진다고 생각해서 아닐까? 회사가 직원에게 요구하는 8시간을 이처럼 이해했다면 결국 본연의 업무를 향상하려면 최소한 하루 8시간의 투자가 필요하다는 뜻이다. 즉, 원하는 성과를 얻으려면 학생은 공부하는 데 하루에 8시간을 투자해야 하고 성인은 하루에 8시간을 업무에 투자해야 한다. 그렇기에 자투리 시간으로 성과를 얻는 게 더딘 이유다. 그렇기에 자투리 시간을 쪼개 꾸준하게 훈련하기 어려운 이유다. 8시간을 이미 본연의 업무에 소진하고 자투리 시간을 활용해 설정한 목표를 달성하는 것 자체가 다른 이에게 없는 능력이다. 즉 자투리 시간을 활용해 원하는 결과를 달성하려면 훈련에 필요한 재능이 있어야 한다. 훈련을 꾸준하게 버티려면 신체 능력을 바탕으로 노력, 끈기, 인내로 빚어진 강한 정신력이 있어야 한다. 하지만 이 훈련도 자투리 시간에 하는 게 아니다. 본연의 업무처럼 생각해 최상의 컨디션으로 훈련해야 꾸준하게 지속적인 동기부여가 가능하다.

노력, 끈기, 인내가
모든 이에게 주어진 조건이라 착각한다.

꾸준히 훈련하면
누구나 노력가가 되고
누구나 끈기와 인내가 향상한다고 믿는다.

아니다.

노력, 끈기, 인내는
사실 수많은 능력 중 하나다.

설사 노력, 끈기, 인내의
재능을 선물 받았어도

자투리 시간에 투자해서
얻을 보상은 미미하고
더디다.

미라클 모닝(Miracle Morning) 훈련으로
아침형 인간(Early Bird)이 되는 길은
특정 재능이 부여된
특정인이다.

모두 다 가능하면
미라클 모닝(Miracle Morning) 훈련에 열광하지도
아침형 인간(Early Bird)을 동경하지도 않는다.

그렇기에 갈 곳을 잃은 우리는
방향성 없는 단기적인 성과를 위해
시간을 낭비한다.

방향성 없는 수많은 단기적 성과를 달성하려고
미라클 모닝(Miracle Morning) 훈련하면

그게 삶의 변화를 이끌 수 있을까?

미라클 모닝(Miracle Morning) 훈련을
10년 이상 유지할 생각은 있는가?

답은 자명하다.

처음부터
미라클 모닝(Miracle Morning) 훈련은
특정 재능을 지닌 '그들만의 세상'이다.

우리 같이 평범한 사람은
'우리만의 세상'이 존재하지 않은가?

    자존감에 관해서 이야기해보자. 많은 이가 자존감을 향상하려는 방법을 찾아 여기저기 헤맨다. 하지만 자존감은 처음부터 향상할 수 있는 게 아니다. 늘 당신 옆에서 만나기를 기대하며 기다려서다.
    무채색 사회에서는 '멀티 플레이어'를 매력적으로 소개한다. 미라클 모닝(Miracle Morning) 훈련으로 아침형 인간(Early Bird)이 되려면 본연의 업무시간을 제외한 여가 시간을 활용해 멀티 플레이어가 되라고 종용한다. 미라클 모닝(Miracle Morning) 훈련이 업무의 연장선이라면 미라클 모닝(Miracle Morning)이라 부르는 이가 있을까? 코로나 바이러스 창궐로 재택근무 환경이 익숙한 2021년, 새벽에 일어나 업무와 관련한 일을 한다면 이는 단순하게 회사에 일찍 출근한 것과 진배없다. 그렇기에 미라클 모닝(Miracle Morning) 훈련은 '여가 시간' 활용과 '업무와 관련 없는 취미 혹은 공부'에 몰두해 자존감을 향상하게 하는 게 핵심이라 말한다. 말은 거창하게 했지만 미라클 모닝(Miracle Morning) 훈련은 멀티 플레이어가 되는 게 자존감을 향상하는 길이라 설명한다. 정말 자존감을 향상할 수 있을까?

표면적으로 다양한 분야에서 발군의 실력을 보이는 멀티 플레이어를 능력자라 MZ세대가 생각할지 모르겠다. 그렇기에 MZ세대는 '업무와 다소 관련 없는 취미 혹은 공부'로 이루어진 새로운 능력이 자존감을 향상하게 한다고 믿는다. 물론, 미라클 모닝(Miracle Morning) 훈련을 시작할 때 이러한 마음가짐이 없다면 꾸준하게 하지도 좋은 결과를 얻기도 어렵다. 아침형 인간(Early Bird)은 비슷하지만 다르다. 이러한 마음가짐으로는 아침형 인간(Early Bird)이 되기 어렵다. 무거운 눈꺼풀을 물리적으로 밀어내어 맞이하는 이른 아침은 미라클 모닝(Miracle Morning)이나 아침형 인간(Early Bird)이나 동일하다. 하지만 아침형 인간(Early Bird)은 '물리적 성공'이라는 키워드로 짜인 목표를 설정하기에 대부분 '돈'과 관련 있다. 무채색 사회에서 타인에게 부러움을 사는 방법은 부를 누구보다 빠르게 쌓는 길이다. '자존감'이 아침형 인간(Early Bird)에게 중요한 키워드는 아니었지만 '성공=돈=자존감'이라는 암묵적인 공식은 존재했다. 2021년, '성공=돈=자존감' 공식은 여전히 인간이 추구하는 삶의 순위에서 최우선으로 자리매김하고 있다. MZ세대가 X세대와 386세대의 꼬임에 넘어가 '영끌'의 지옥 열차에 탑승한 불나방 같은 신세로 전락한 이유도 '성공=돈=자존감' 공식이 뇌의 컨트롤타워를 장악한 방증이다.

책임은
다 너희에게 있다.

악랄한 행동에 대한
증거를 너희는 밝히기 어렵다.

그렇기에
아무도 사과하지 않는다.

그래서 미리 사과한다.
미안하다.

우린 책임질
마음이 없기에 그렇다.

너희는 앞으로 다를까?

꼭 다르게 행동했으면 한다.
나쁜 것만 배우지 말고.

이론적으로 '성공=돈=자존감'의 삼위일체가 이루어졌을 때 아침형 인간(Early Bird)으로 거듭날 수 있다. 우선순위가 성공이기에 자존감은 성공을 바탕으로 자연스레 따라오는 부속물처럼 여기는 게 아침형 인간(Early Bird)의 핵심이다. 출발은 같지만, 자존감을 최우선으로 하는 미라클 모닝(Miracle Morning)은 아침형 인간(Early Bird)과 본질적으로 다른 개념이다. 미라클 모닝(Miracle Morning) 훈련에서 말하는 자존감은 돈과 관련이 없고 돈과 관련이 없기에 성공과도 관련이 없어서다. 미라클 모닝(Miracle Morning)은 성공을 충족하기 위한 훈련이 아니다. 그렇기에 자존감을 우선시하는 미라클 모닝(Miracle Morning) 훈련으로는 성공을 향해 달려가는 아침형 인간(Early Bird)이 될 수 없거니와 될 이유도 없다. 그릇된 삼위일체를 좇은 미라클 모닝(Miracle Morning) 훈련으로는 자존감을 만나기도 지속하기도 어렵다.

훈련은 늘 정직하다.
의도가 문제이지.

또한, 새로운 능력을 개척하는 미라클 모닝(Miracle Morning) 훈련으로 발군의 실력을 갖추게 해 무채색 사회가 원하는 멀티 플레이어의 요건을 갖추게 할까? 다소 의문스럽다. 발군의 실력을 일상에서 유지할 수 없다면 유의미한 성과를 내기 어려워서다. 마주하기 괴롭지만, 진실을 말하려 한다. 멀티 플레이어는 앞서 언급했던 찰나의 행복에서 잠깐 보이는 신기루에 불과하다. 이러한 신기루로 자존감을 향상하기는 솔직히 불가능하다. 신기루는 타인의 인정으로 출발하는 외부적 조건이기에 그렇다. "스스로 만족하면 족하다."라고 많은 이가 말한다. 번화가에 울려 퍼지는 흔한 음악처럼 "스스로 만족하면 족하다."를 실천하는 게 쉬운 일이라 생각한다. 요람에서 무덤까지 평생을 타인의 시선을 의식하며 살아가는 인간이 "스스로 만족하면 족하다."라는 의미를 이해하는 게 정말로 가능한 일일까?

누구의 시선도 의식하지 않는다면

교육은 특정한 이의 점유물로 전락하기에
아무도 공부하지 않는다.

누구의 시선도 의식하지 않는다면

경제의 규모가 존재하지 않기에
대기업은 존재하지 않는다.

누구의 시선도 의식하지 않는다면

불편하다 생각지 못하기에
수많은 편의 시설의 발명과 혁신은 없다.

누구의 시선도 의식하지 않는다면

부동산은 이미 폭락했다.
비트코인은 이미 '추억의 동전'으로 사라졌다.

누구의 시선도 의식하지 않는다면

세상은
'무' 자체로 돌아간다.

그러한 일을
인간이 해낼 수 있을까?

불가능하다.

"아무것도 하지 않고 자연의 섭리를 따르라."라는 도가의 '무위자연(無爲自然)'을 깨우치면 가능할지 모르겠다. 인간은 자연의 섭리에 반해 생태계 최상위 포식자로 군림한 유일한 종이다. '무위(無爲)'가 아닌 '인위(人爲)'를 따르는 게 인간의 본능이다. 인위(人爲)는 결국 타인의 시선을 의식하지 않으면 발생하기 어렵다. 인위(人爲)는 세상에서 말하는 긍정적인 단어, '발전, 향상, 혁신, 발명 등'과 이어져서다. 하지만 인위(人爲)는 세상의 모든 범죄와 부정적 요소를 생산하는 선봉자다. 결국, 인위(人爲)는 인간에게 축복이자 저주인 셈이다. 미라클 모닝(Miracle Morning)과 아침형 인간(Early Bird)은 모두 인위(人爲)로 얻게 된 산물이다. 그렇기에 누군가는 축복으로 여기지만 누군가에게는 저주인 셈이다. 하지만 인위(人爲)가 없다면 눈에 보이지도 않는 바이러스 하나에 쩔쩔매는 인간이 문명의 이기를 누리기는 고사하고 현재까지 멸종하지 않고 현존했을까 싶다.

다시 돌아가서, 미라클 모닝(Miracle Morning) 훈련으로 멀티 플레이어가 왜 되고 싶은지 자문했으면 한다. 정말 아무도 모르는 나만의 일기장에 꼭꼭 숨겨 혼자 즐기려고 새로운 능력을 계발하는 게 의미가 있는지 자문해야 한다. 이게 가능한 이가 있다면 나이와 관계없이 다가가 존경의 마음으로 한 수 배우고 싶다. 에세이를 쓰는 이유가 '나만의 만족'은 사실 허울이고 내 생각과 글솜씨를 타인에게 전달하는 게 본질일지 모르기에 그렇다. 그래서 난 철학자가 아닌 B급 소피스트에 불과하다. 멀티 플레이어가 매력적인 이유는 무엇일까? 스스로 무엇에 집중해 살아가야 할지 모를 때 멀티 플레이어는 매력적으로 보인다. 단지 다양한 취미를 지닌 사람을 멀티 플레이어라 부르지 않는다. 멀티 플레이어는 수익으로 연결할 수 있는 기술을 다양한 게 보유한 자이다. 하나의 경력도 꾸준하게 쌓아가기 어려운 보통 사람에게 이들의 삶이 얼마나 부러운가? 하지만 분명하게 MZ세대에 당부하고 싶다. 멀티 플레이어는 세상에 내던져진 이유를 모르기에 우왕좌왕하는 과정 중에 발생하는 일시적 현상이다. 세상에서 삶을 완성했다고 말할 수 있는 이가 몇이나 있을까? 대부분 빛이 없는 터널을 헤매다 타인의 시선과 타협한다. 그렇기에 멀티 플레이어가 매력적으로 보일 뿐이다. 멀티 플레이어는 어느 분야도 제대로 완성하지 못했다는 뜻이다. 그게 멋지게 보이는 또래는 30대까지다.

**'멀티 플레이어'는
매스 미디어가 만든 허상에 불과하다.**

멀티 플레이어의 삶을 꿈꾸려고 미라클 모닝(Miracle Morning) 훈련에 임한다면 자존감을 만나기 어렵다. 멀티 플레이어로 살아가는 방식은 금융에서 말하는 '분산투자'와 비슷하다. 보유한 자산을 분산해 위험에 대비하는 전략이다. 그래, 자산은 다가올 위험을 고려해 분산투자하는 게 적절한 전략일 수 있다. MZ세대가 삶을 분산투자해 위험을 헷지(hedge)하고 싶다면 현상의 복잡성(complexity)부터 이해했으면 한다. MBA 과정에서 무엇보다 중점적으로 훈련한 게 'Why 화법'이다. Why 화법은 이성적으로 현상을 바라보는 출발이다. 하나의 주제에 얼마나 많은 Why 화법을 던지느냐에 따라 얻어지는 깊이 또한 다르다. Why 화법으로 대화하면 상대방이 진짜인지 가짜인지 대번 파악할 수 있다. 비즈니스에서 Why 화법은 차별적인 사람으로 빛나게 하는 무엇보다 중요한 무기이다. 그렇기에 Why 화법을 올바르게 사용하는 자만 관리자로서 성장해 많은 이의 귀감이 될 수 있다. 20·30세대에게 Why 화법을 공부하라 강요할 수는 없다. 다만, 강요하지 않아도 관리자로 진급하면 Why 화법을 터득해 그 위로 올라가거나 터득하지 못해 자연스레 후배에게 자리를 양보해야 한다. 그렇기에 비즈니스에서 Why 화법은 진짜와 가짜를 구분하는 중요한 기법이다.

> 'Why 화법'을 Small talk에서는 자제해라
> 감정만 상할 뿐이다.

> 그래서 난
> Small talk를 못한다.

Why 화법을 이해하면 자연스레 현상의 복잡성(complexity)을 고려하는 다차원적인 인간으로 변한다. 현상의 복잡성(complexity)을 고려하기 시작하면 보이지 않았던 수많은 위험을 인지하기 시작한다. 불안함이 더욱더 증가한다는 뜻이다. 경우의 수를 더욱더 고려한다는 뜻이다. 근거 없는 자신감은 더욱더 떨어진다는 뜻이다. 그렇기에 불안함을 제거하고 확신의 가능성을 높이려 더욱더 비평적(Critical), 세심한(Attentive), 전술적(Tactical), 효율적인(Efficient)

사람이 되려 노력한다. 하지만 이는 멀티 플레이어가 되는 길이 아니다. 멀티 플레이어는 Why 화법을 잘못 적용한 복잡성(complexity)의 부작용이기에 그렇다. Why 화법을 올바르게 적용해 현상의 복잡성(complexity)을 고려하는 사람은 특정 분야에 정통한 이가 대부분이다. 즉 정통한 분야가 타인에게는 복잡하지만, 오히려 이들에게는 단순하다. 이들을 언론에서 멀티 플레이어처럼 조명하기 일쑤인데, 사실 정통한 분야를 분재(盆栽)해 동종 분야에 접목(接木)한 게 전부다. 이들은 자기가 모르는 분야는 고민하지도 생각하지도 건너가지도 않는다.

우리는 '하나'로 이루어진 개체다.

'하나'로 이루어진 유기체를
시간을 쪼개
'분산투자'하듯 살아가면
어느 하나도 정통하기 힘들다.

정통한 게 없으면
다른 이의 삶을
기웃거리는 게 세상 이치다.

**모두 다 슈퍼맨이 되라고
상대적 박탈감을 선물하는
매스 미디어의 수익 구조에
가끔 환멸을 느낀다.**

 지금까지 미라클 모닝(Miracle Morning)과 아침형 인간(Early Bird)을 조금 다른 관점에서 이야기했다. 어떠한가? 이를 통해 정말 자존감이 향상할 거로 생각하는가? 인위(人爲)로 이루어진 모든 방법은 찰나의 행복에서 일어나는 신기루만 양성할 뿐 실제로 자존감 향상과는 거리가 멀다. 자존감은 보이지 않더라도 태어날 때부터 함께한 '무위(無爲)'여서다. 사랑니가 나는 시기를 인위적으로 훈련이나 성과를 통해 앞당기거나 늦추기 어렵다. 그럴 생각조차 않는다. 자존감도 사랑니와 비슷하다. 늘 우리 옆에 있지만 각성하기 전까지는 인지하지 못할 뿐이다. 자아를 존중하는 감정, 자신을 사랑하는 감정은 수시로 향상하거나 하락하는 평가대상이 아니다. 단지 각성하느냐 마느냐의 문제다. 그렇기에 훈련과 성과를 통해 자존감을 향상할 수 있다고 믿을수록 자존감이 하락하는 비참함을 비례해서 겪는다. 향상했다 믿었던 자존감 자체가 신기루여서다. 신기루의 행복은 지속성이 없기에 그렇다. 인위(人爲)로 무위(無爲)를 이루어낼 수 있다는 착각 때문에 그렇다. 신기루가 많이 쌓여 자존감과 만나는 길이 멀어질수록 불안함은 증대하고 상대적 박탈감을 벗어나려 악수를 두기 마련이다. 악수의 극단적 예시가 우울증, 약물중독, 공황장애 그리고 자살이다. 그렇기에 악수를 두기 전에 자존감을 각성하는 게 무엇보다 중요하다.

  자존감을 각성하려면 '나를 알아가는 과정'이 필요하다. 나를 알아가는 과정은 내면의 다양한 정도(程度)를 만나는 길이다. 능력의 정도(程度), 타협의 정도(程度), 도덕심의 정도(程度), 이타심의 정도(程度), 이기심의 정도(程度) 등이 있다. 이는 살면서 무엇을 싫어하고 좋아하는 '호불호'가 아니다. 차이는 있지만 대부분 좋아하고 싫어하는 게 비슷해서다. 대부분 좋아하고 싫어하는 게 비슷하기에 '집단적 열광'이 발생한다. 그래서 사람은 비이성적인 동물이다. 그렇기에 호불호로 자기를 안다고 생각하는 이는 아직 자존감을 각성하지 않은 상태다. 자존감은 신께서 인간을 식별하기 위해 각 인간에게 다르게 부여한 고유 일련번호이다. 즉 자존감이 똑같은 자는 없다. 세상에서 동일한 일련번호를 지닌 자존감은 없기에 타인은 '나'를 제대로 어루만져 주기 어렵다. 타인에게 실망하지 말아야 하는 이유다. 무채색 사회는 자존감을 호불호처럼 취급해 '비슷함'을 만들어 일률적으로 취급한다. 비슷한 생각, 비슷한 개념, 비슷한 행동, 비슷한 외모, 비슷한 나이, 비슷한 취미, 비슷한 혐오, 비슷한 욕망, 비슷한 의지, 비슷한 세대, 비슷한 부, 비슷한 가난 등의 출발은 자존감이 아니라 호불호에서 비롯된다. 정도(程度)의 깨달음이 있어야 타인의 기준과 기대에 부응하려 자기 삶을 낭비하는 일이 발생하지 않는다. 정도(程度)의 깨달음은 비슷함에서 벗어나 나를 만나는 과정이다. 자존감은 정도(程度)의 깨달음이기에 누구보다 좋거나 나쁜 게 아니다. 또한 정도(程度)의 깨달음은 옳고 그름이 아니다. 만약 정도(程度)가 세월이 흘러 수시로 변한다면 이는 자존감을 이해한 최종 형태가 아니다. 자존감은 변하지 않는 상수이기에 그렇다. 타인의 인정과 희로애락(喜怒哀樂)을 위한 외부적인 노력은 결국 내면에서 당신과 만나기를 학수고대하는 자존감을 더욱더 외롭게 하는 행동이다.

마지막으로 MZ세대부터 멘토링의 방향은 왜 바뀌었을까? 세대가 변해서 과거의 방법이 통하지 않아서가 아니다. 그만큼 어른의 역할을 게을리하며 마음 좋은 꼰대로 살아가려는 '어른이'가 많아져서다. 그 어른이가 '나'일지도…

**자존감은 신께서 부여한
개인 고유 일련번호다.**

**모든 자존감은
특별하다.**

"비난이
하늘을 가리어
지혜를 잠식하는
세상에 살아간다면"

    기성세대의 눈으로 보고, 귀로 듣고, 입으로 말한 천상의 선율이 넘치는 유토피아가 처음부터 존재하지 않을지도 모른다는 잡념에 잠을 설쳤다. 집단지성(Collective intelligence)의 허울 아래 무지(無智, 無知)의 불쏘시개로 신께 대적해 불경을 범하는 집단사고(Groupthink)의 디스토피아가 진실일지 몰라서다. 길거리에서 파는 번데기와 다슬기를 종이컵에 담아 먹으며 행복했던 아이는 더는 노점 음식을 먹지 않는다. 위생의 이유일까? 경제적 어려움일까? 건강의 이유일까? 노안으로 또렷했던 사물의 형태가 점점 흐릿해진다. 그래서 불안함이 증가했을까? 광활한 자유가 존재했던 유토피아에서 지내던 꼬맹이는 스스로 수많은 규칙을 만들어 창살 없는 감옥을 최선이라 여기며 살아간다. 외부의 침입을 막으려고 창살 없는 감옥을 더욱더 견고하게 재정비하며 행복하다고 생각하는 40대 꼬맹이가 오늘따라 처량하게 느껴지는 이유는 무엇일까? 광활한 자유로에서 순도 100% 새로움과 맞이할 때마다 성장이라 믿었던 꼬맹이에게 더는 순도 100%의 새로움은 존재하지 않는다. 3차 산업혁명으로 인한 '인터넷'의 보급은 내게 불순물과 섞인 새로움이 세상을 잠식한다는 사실을 깨닫게 했다. 더욱더 놀라운 사실은 불순물이 없다면 아무도 그 새로움에 관심이 없다는 진실이다.

동물의 물리적 관점에서 바라보면 입이 마르도록 외치는 성장과 퇴보는 인생에서 중요한 쟁점은 아니다. 사지 보행에서 직립보행으로 다시 사지 보행으로 돌아가는 인간에게 성장은 사실 퇴보를 부추기는 촉매제에 불과하다. 새로움은 다양한 세계로 뻗어가는 열린 결말이라 기대했건만, 불순물로 가득 찬 새로움은 보이지 않는 창살과 벽을 더욱더 견고하게 해 하나의 결말로 치닫는 현실을 깨닫게 한다. 아는 게 힘이라고 철저하게 믿었지만 아는 게 독이었다. 배웠던 모든 새로움이 지혜로 뻗어가지 못해서다. 천상의 선율이 넘쳤던 유토피아는 어디에 있는가? 다가올 세상이 디스토피아라 확신하지만, MZ세대에게 유토피아를 상상하며 전진하라고 조언하는 현실이 가끔 우울할 때가 있다. 불순물의 새로움으로 얻은 지식은 우울함을 필연적으로 생산해서다. 하지만 그 우울함도 잠시다. 우울함은 또 다른 불순물을 비난하여 해소한다. 비난으로 우울함을 해소하니 어느 순간부터 비난할 대상을 찾느라 비열한 하이에나로 전락한 지도 몰랐다. 비난할 대상을 찾아 우울함을 해소할수록 더 큰 우울함이 다가오기에 비난을 끊을 수 없었다. 비열한 하이에나로 평생 살아가야 하는 운명이다. 어느 순간부터 비난의 짜릿함만 추구하는 나를 거울에서 발견한다. 거울을 깨버리고 싶다. 하지만 이제는 비난의 짜릿함을 추구했던 이유조차 잊었다. 그저 찬란했던 과거의 나를 잊을 수 있다면 좋을 뿐이다. 그저 자극적인 게 좋을 뿐이다. 그저 오늘을 잊을 수 있다면 좋을 뿐이다. 단지 그뿐이다.

40대를 보내고 있다.
곧 50대가 오겠지.

못난 아저씨의 푸념이다.

너희는 끝까지 비상해라.
너희는 끝까지 찬란해라.

날 닮지 말고.

지금부터 천상의 선율이 넘친 비옥한 땅이 음습하고 퀴퀴한 냄새로 가득한 시궁창으로 변해가는 나의 삶을 이야기하려 해. 대화처럼 편하게 말할게. MZ세대가 못난 아저씨를 닮지 않으려면 비난이 삶을 움직이게 하는 원동력의 세상, 디스토피아에서 스스로 벗어나야 해. 폰지사기를 들어본 적 있니? 다단계 비즈니스에서 흔하게 비치는 사기유형으로 당한 것을 깨닫고 벗어나려면 다른 이를 꼬드겨 자기가 겪는 고통을 분배하는 게 폰지사기의 특징이야. 디스토피아 세상은 폰지사기와 비슷한 구조로 움직여. 자기의 고통을 벗어나려면 다른 사람을 고통스럽게 해야 해. 그런데 말이야. 사람은 천성적으로 사람을 해하는 게 나쁘다는 것을 알아. 마음의 도덕책인 양심을 누구나 태어날 때 하나님께 선물 받아서 그래. 노력하지 않아도 양심의 정직한 울림은 우리에게 인생의 나침반 역할을 해. 정말 악마의 사악한 꼬임에 넘어가 하늘을 가벼이 여기지 않는 한 다른 사람의 고통을 이용해 우리의 욕구를 채우기 어려워.

그래,
고의로 악한 짓을 못해.

하지만,

**디스토피아 세상에서는
과실(過失)로 악한 짓을 해.**

　어렸을 때 동네에 박쥐가 많이 살았어. 밤마다 소리 내며 날아다니는 박쥐가 나를 공격할까 늘 조마조마했어. 박쥐를 이야기하니까 시골에서 어린 시절을 보낸 것 같지만 난 서울 토박이야. 동네 친구와 삼삼오오 모여 오징어가위셈, 비석치기, 다방구, 기마전, 얼음땡, 왕짱구 등을 하다가도 박쥐의 울음소리로 오늘의 아쉬움을 뒤로하고 모두 귀가했지. 그때만 해도 말이야, '경쟁'이 나의 삶을 어떻게 파괴하는지 전혀 알 수 없었어. 늘 공평하고 평등한 세상이었으니까. 하지만 나의 평온한 세상은 '학교'에 입학 후 조금씩 변해갔어. 또래보다 궁금한 게 많았던 아이였기에 '공부'와 관련 없는 질문을 자주 해 선생님께 혼난 기억이 지금도 선명해. 재미있는 일화를 말해볼게. 뉴턴의 만유인력의 법칙을 공부 후 중력이 눈에는 보이지 않지만 존재한다는 것을 깨달았어. 중력과의 첫 만남은 나름 신선했지. 문득 그런 생각을 한 거야.

**"사람의 키는 중력과
관련 있을 것 같아.**

사람에게
중력의 힘이 크게 작용하면
키가 작고,

사람에게
중력의 힘이 적게 작용하면
키가 크고."

지금 생각하면 어처구니없는 발상이지. 하지만 중력작용으로 키의 비밀을 풀어냈다고 믿었던 그때의 기분은 목욕탕에서 넘쳐흐르는 물을 보고 "유레카!"를 외치며 순금의 진위를 밝혀낸 아르키메데스만 이해할지 몰라. 이 위대한 발견을 선생님과 의논하고 싶어서 아침이 오기만을 기다렸어. 관련한 수업 시간이 다가오고 위대한 발견을 반 친구와 선생님께 우쭐거리며 공유하는 순간 돌아오는 반응은 내가 생각한 반응과 너무 달랐어.

"수업 시간에 쓸데없는
소리 말아라."

그래, 공부는 결국 호기심을 채우는 게 아니었어. 호기심은 공부에 방해가 되더라고. 더군다나 공부는 성적이 존재하지 않으면 의미가 없어. 성적이 없으면 아무도 공부하지 않아. 학교에서 조금씩 호기심을 잃어가며 내가 무엇을 좋아하는지보다 어떻게 반 등수를 올릴 수 있는지를 걱정하며 십 대를 보냈어. 이름이 아닌 번호로 불리며 나를 잊었어.

그나저나 2021년, 아직도 번호로 학생을 불러? 정말 반윤리적인 처사야. 무슨 교도소도 아니고 말이야. 교육을 받으면 사회에서 뭐가 좋을까? 십 대 시절에는 이러한 생각은 공부에 방해가 된다고 철석같이 믿었어. 이런 쓸데없는 생각은 오히려 경쟁력을 떨어뜨려. 성적도 올려주지 않고. 경쟁의 보상은 '차별적 대우'였어. 차별적 대우로 다양한 감정(수치심, 분노, 열등감, 만족감, 우월감 등)을 선물 받았어. 차별적 대우를 통해 느끼는 다양한 감정은 결국 무채색 사회에서 과실(過失)로 사람을 해하는 예행연습이었어. 그때는 왜 몰랐을까? 아무도 말하지 않으니까.

경쟁력을 키우고

성적을 올리고

반 등수를 올렸는데도

지금 난

너희들에게 해줄 말이 없다.

쫓기듯 살면서
무엇을 그렇게 향상하려 했을까?

특별히 똑똑해지는 것도
특별히 다르게 사는 것도
아닌데.

성인이 된 후, 경쟁력을 높여 차별적 대우를 받으려면 무엇을 해야 할까? 지금까지 지겹게 듣는 이야기가 있어. '인간관계'야. 즉 인맥이 넓어야 경쟁력이 높아져 원하는 차별적 대우도 가능하다고 해. TV만 틀면 사회에서 성공한 사람이 출연해 인간관계를 강조해. 십 대 시절은 정말 공부만 해서 사람을 만나기 어려웠어. 사실 사람 자체가 공부에 방해가 된다고 믿었어. 희한한 사실은 성인이 되니까 십 대 시절에 좋은 성적을 받아야 성공한다고 말하는 사람이 정말 한 사람도 없다는 거야. 정말 충격이었지. 죽어라 공부하라고 해서 따른 것뿐인데, 혼자 오랜 시간 동굴에서 생활한 이 느낌 너희는 알까? 나 공부 왜 한 거니? 성인이 된다는 기쁨보다는 마그마처럼 끓어오르는 배신감 때문에 모든 것을 의심하기 시작했어. 눈을 뜬 순간부터 감는 순간까지 항상 난 '헐크'였어. 도대체 정체 모를 '화'가 어디서 오는 걸까? 매일매일 너무나 화가 났어. 그래도 무채색 사회에서 인정받고 싶었어. 무채색 사회에서 인정받으려면 인간관계가 중요하다고 대부분 말해. 당시에는 인간관계를 잘 유지한다고 믿었어. 다양한 부류의 사람과 인간관계를 맺어서 친구도 정말 많았어. 내게 앞으로 주어질 보상은 '성공'이라 확신했지. 하지만, 인간관계를 쌓기 위해 방황했던 20대의 나를 돌아보기가 두려워.

지금 내게 남은 인간관계는
친구 2명이 전부야.

너무 웃기지 않아?
그렇게 많았던 '친구'는 다 어디에?

그런데
인간관계를
청산하면

난 인생에서

실패한 걸까?

**도대체 어디서부터
내 인생은 꼬였을까?**

20대까지 정말 베짱이처럼 살았어. "오늘을 즐겨라." 구호 아래, 음주가무를 극대화하기 위한 궁극의 게임(베스킨라빈스31, 눈치게임, 고백점프, 369, 007, 무언의007, 마피아게임, 삥뺑뽕, 모션게임 등)을 통해 다양한 인간관계를 맺느라 정신이 없었지. 베짱이처럼 살았던 시기를 후회하지는 않아. 다만 베짱이처럼 산 20대가 30대로 넘어오면서 개미를 부러워했기에 갖지 못할 욕심을 부리기 시작했지. 욕심이 크면 상황 판단이 흐려져. 첫 단추를 잘못 끼우면 조금 느리게 가더라도 잘못 끼운 단추를 풀어야 해. 그런데 난 말이야. 느리게 가는 게 너무나 싫었어. 당장 헬리콥터를 타고 정상으로 향하고 싶었지. 20대에게 통했던 매력은 30대 와서는 쓸모가 없더라고. 오늘을 마지막처럼 살아가자고 약속했던 수많은 인간관계가 조금씩 내일을 걱정하며 멀어지기 시작했어. 유흥의 기쁨이 점점 희미해지며 스트레스로 다가오는 현실이 두려웠어. 난 여전히 베짱이 삶을 원하는 데 약속이나 했듯이 개미처럼 살아가려는 주위의 모습에 기가 찼지. 그들에게 '겁쟁이'라 소리치며 비난했지만 사실 내가 제일 무섭고 두려웠어. 결국, 잘못된 상환 판단으로 타인을 비난하면서 스스로 정당화하는 삶을 걷기 시작했어. 진심 어린 조언으로 나를 걱정했던 수많은 이를 비웃으며 패기와 열정이 자산이라 믿으며 자신만만했던 20대는 어디로 사라졌을까? 왜 아무도 이야기하지 않은 거야? 20대까지는 사회에서 '깍두기'로 생각해 관용을 베푼다는 사실 말이야. 잘해주면 권리로 착각하는 것처럼 세상이 내게 베푸는 '관용'이 영원할 거라 믿었어. 어리석었지. 경량급에서 무제한급으로 한순간에 체급을 변경해 경기에 출전하라고 요구받는 기분을 너희는 아니? 곧 너희도 겪게 될 거야. 30대에 진입하면서, 누구도 기대하지 않는 미숙한 성인이라는 사실을 깨닫는 게 너무나 고통스러웠어. 뭐, 이룬 게 있어야 세상과 타협해 평범하게 살 텐데, 어떻게 하나님은 나에게 평범한 삶조차 허락하지 않은 걸까? 그동안 부모님의 비호 아래 '천둥벌거숭이'처럼 날뛰던 내가 얼마나 초라한지 뼈저리게 느꼈어. 평범하게 사는 게 이렇게 힘든지 난 왜 몰랐을까? 허상의 깊은 수렁에 빠져 만용에 취해 살아갈 때 왜 아무도 내가 문제라고 말해주지 않았을까? 아니지, 내가 듣지를 않은 거야. 내가 일확천금을 노린 거야. 난 늘 운이 따른다고 착각한 거야. 십 대 시절에 막연하게 상상했던 30대의 모습과 너무나 다른 현실을 마주하는 게 힘들었어. 무거운 바위를 어깨에 메고 가파른 낭떠러지의 공포를 견디며 안전장치 없이 좁은 길을 걸어가는 압박감을 처음으로 느꼈어.

29살
12월 31일

꿈에서 깨어나
현실을 마주하게 되었어.

도망치기로 했어.

아무도 나를 찾을 수 없는
미로의 숲으로

내게는 최선이었어.

30대는 내게 가장 불안한 시기였어. 하나둘 주위 사람의 성과가 보이는 시기여서 그래. 성과라는 게 참 상대적인 개념이라서 사소한 성취도 누군가에게는 크게 보여. 20대 때는 상대방의 성과를 진심으로 손뼉 치며 좋아했는데, 30대에 진입하니 그러기 어려웠어. 정말 배가 아프고 화가 났어. 나한테는 그런 기회가 오지 않는 게 너무나 억울했어. 기회만 잡으면 너희보다 더욱더 높이 올라갈 수 있다고 생각했어. 긍정적인 생각으로 희망찬 미래를 상상한 내가 점점 부정적인 생각으로 가득 차 상대방의 허물을 들추어내려고 비난을 일삼는 추악한 인간으로 변해갔어. 그렇게 난 문제를 마주하기보다는 자기합리화로 근본 없는 천박한 비난을 키웠지. 그들이 이룬, 내가 이루지 못한 모든 성과를 그들의 노력이 아닌 배경 때문이라 생각했어. 그들이 나보다 처음부터 많은 것을 가졌기에 가능한 일이라고 스스로 세뇌했어. '나와 그들'로 세상을 삐딱하게 보기 시작했지. 외부적 환경으로 많은 것을 취한 그들이 무너지기를 얼마나 기도했는지 몰라. 그들이 이룬 성과를 헐뜯으려는 못난 생각이 더욱더 강한 비난이 될 수 있도록 공허한 뇌 활동을 반복했어. 먹구름으로 뒤덮인 하늘에서 유일하게 빛나는 강력한 비난의 탄생을 자축하며 이렇게 칭했어.

"검은 천둥, 지혜"

30대 중반부터 '검은 천둥, 지혜'를 통해 세상을 마음대로 난도질하기 시작했어. 세상의 모든 곳에 음모가 도사리고 세상에 선의는 없으며, 다른 이가 양심에 따라 도의를 행할 때 위선에 가득 찬 행동이라 확신했어. 검은 천둥, 지혜는 그렇게 현명하게 나를 가르쳤어. 그래, 난 현명하다고 생각했어. 실제로 많은 이의 위선이 세상에 드러날 때 다시 한번 검은 천둥, 지혜를 맹신했지. 새하얀 캔버스라 믿었던 세상은 아무것도 그릴 수 없는 검은색 도화지였어. 어차피 아무것도 그릴 수 없다면 아무것도 하지 않는 게 좋다고, 다른 이의 위선이 무너지는 과정을 보며 즐기라고, 검은 천둥, 지혜가 24시간 내내 속삭였지. 검은색 도화지에 무엇을 그려도 보이지 않음에도, 오늘도 타인의 기대에 부응하려 열심히 일하는 또 다른 나를 비웃기에 정신없었어. 무엇을 하는 게 오히려 스스로 비참하게 만든다고 생각했기에 검은 천둥, 지혜가 시키는 대로 더는 아무것도 하지 않기로 했어.

'검은 천둥, 지혜'는
유일한 나의 동반자야.

뉴스에 끔찍한 소식이 도배될 때마다 아무것도 하지 않는 게 세상의 복수라 믿으며, 검은 천둥을 지혜라 믿으며 눈을 감았어. 40대인 지금, 문득 의문을 품기 시작했어.

"검은 천둥은 정말 지혜일까?"

비난이 하늘을 가리어 세상을 잠식할 때 올바른 길을 안내하는 게 지혜라면 30대 삶의 나침반 역할을 했던 검은 천둥은 지혜가 아닌 것 같아. 검은 천둥으로 난 지금 무엇도 시작할 수 없으니까. 습자지 같은 식견과 지식으로 탄생한 비난이 지혜로 둔갑하는 과정을 난 모르는 척했어. 그게 차라리 마음이 편했거든. 그런데 돌이켜 생각하면 마음이 편한 게 아니라 구렁텅이에서 꺼내 달라고 외쳤던 나를 외면하며 살아갔어. 한순간도 마음 편하게 살아본 적이 없었던 것 같아. 눈을 감았기에 세상이 검은색으로 보인다는 사실을 40대가 지나서 알게 되었어. 눈을 감아 세상에 통쾌하게 복수한 게 아니라 결국 난 30이라는 숫자를 기점으로 겁쟁이로 전락해 한 걸음도 나아가지 못했던 거야. 보고 싶은 것만 보게 하는 검은 천둥의 능력에 감사한 적도 많았어. 그게 나의 자존감이라 믿었던 시절도 있었어. 자존감은 나를 만나는 과정에서 얻어지는 선물인데, 눈을 감고 세상을 만났으니 내가 믿었던 자존감 역시 검은 천둥이 만들어낸 허상에 불과했어. 하긴 40대 애송이가 지혜를 만나는 것 자체가 무리였을지도. '못난 아저씨'가 조금 늦은 감은 있지만, 다시 시작하고 싶다. 초라한 못난 아저씨지만 다시 용기를 내어 세상의 비난을 걷어내어 지혜가 가득 찬 세상을 만들어 보고 싶어. 이제는 조금은 알 것 같아. 지혜를 얻으려면 결국 자존감을 만나야 해. 자존감이 없는 이에게 세상 이치를 올바르게 파악하는 지혜가 있을 리가 없으니까. 어린 시절 모든 문제를 타인에게 전가하느라 스스로 마주하기를 거부했어. 타인과의 비교를 거부해 탄생한 검은 천둥이 나를 지켜주는 수호신이라 굳게 믿었어. 하지만 검은 천둥 자체가 타인과 비교해 나락으로 떨어뜨리는 악마라는 사실을 왜 몰랐을까? 검은 천둥으로 얼마나 많은 사람을 해하며 살아왔는지 왜 몰랐을까? 왜 스스로 소중하다고 생각하지 않았을까? 나를 대신할 수 있는 사람은 세상에 아무도 없는데도 말이야. 정말 못난 아저씨 인생이다. 50대가 곧 오겠지. 다가올 50대의 '나'에게 더는 미안한 오늘을 살아가지 않으려고. 다가올 50대의 나에게 조금은 즐거워할 수 있는 세상을 만들어 보려고. 난 이제 검은 천둥과 이별하려 해.

**난 이제
검은 천둥과 이별하려 해.**

**너희는 조금이라도 빨리
검은 천둥과 이별했으면 좋겠어.**

검은 천둥이

너희들에게 잠시 머무는

소나기이기를.

"Love 고독 (孤獨, Solitude)-part 2"

첫 번째 에세이, "나는 B급 Sophist입니다."의 마지막 이야기입니다.

구름처럼 정처 없이 떠도는 희미한 소문의 끝자락을 잡고 인생의 많은 시간을 탐진한 경험은 누구나 있습니다. 희미한 소문을 지나 목적지에 다다르면 원하는 세계가 존재할지 모른다는 막연한 기대감 때문이지요. 목적지에 도착했을 때 느껴야 하는 덧없는 인생의 허무함보다 목적지를 상상하며 내일을 기약하는 긍정적인 마음은 우리를 악산 정상에서 내려다보는 장엄한 절경으로 인도해서입니다.

**제게도
희미한 소문이 있습니다.
무엇이든 소원 하나를 들어준다는**

미지의 세계

'Love 고독(孤獨, Solitude)'

'Love 고독(孤獨, Solitude)'의 세계로 진입하면 눈 앞을 가린 먹구름이 개는 것처럼 세상 이치를 간파해 '자아'가 세상에 던져진 이유를 만날 수 있다는 소문이 있습니다. 세상에 던져진 이유를 만나면 비로소 삶의 소명을 이해할 수 있을지 모르기에 흥분한 마음 감추기 어려웠던 그때가 떠오릅니다. 삶의 소명을 이해해 살아가는 자는 소수에 불과합니다. 삶의 소명을 찾을 수만 있다면 평안에 이를 수 있다고 믿습니다. 삶의 소명을 찾지 않고 세상을 살아가기에 외적인 부귀영화가 자아를 반영하는 행복의 잣대라 우리는 착각합니다. 미지의 세계인 황금의 땅, '엘도라도'처럼 'Love 고독(孤獨, Solitude)'의 세계가 존재한다는 소문만으로 발끝에서 시작한 전율이 오장육부를 지나 나의 뇌를 강타한 순간 결심했습니다.

'Love 고독(孤獨, Solitude)'

너를 만나는 게

나의 소명이다.

더는 세상에 흔들리고
싶지 않구나.

도시의 달콤한 캐러멜 커피 향과 시골의 구수한 청국장 냄새가 뒤섞인 '향락의 아스팔트'에서 떠날 채비를 합니다. 나만의 엘도라도인 'Love 고독(孤獨, Solitude)'의 세계가 나를 기쁘게 맞이할 그 날을 생각합니다. 늘 순탄한 평지만 있지는 않습니다. 오르막 구간을 힘겹게 오르는 여정도 있지요. 하지만 힘겨운 오르막 구간조차 피톤치드 가득한 편백 향이 넘실대 종아리부터 시작해 허벅지까지 이르는 '오름의 비명'도 잊을 수 있다고 상상합니다.

오르막길에 도착했습니다.

피톤치드 편백 향으로
가득 찬 낭만의 길

하지만
오름의 비명이

사라지지는 않습니다.

상상은 상상일 뿐이었죠.

저는
향락의 아스팔트로
돌아갔습니다.

오름의 비명을 견디며 정상에 다다르는 게 얼마나 어려운지 깨닫게 된 후, 나의 엘도라도인 'Love 고독(孤獨, Solitude)'의 세계는 그렇게 멀어져 갔습니다. 향락의 아스팔트에서도 소명을 찾을 수 있다고 애써 위로했습니다. 위로도 잠시입니다. 향락의 아스팔트에서는 무엇도 얻을 수 없다고 판단했을 때는 이미 'Love 고독(孤獨, Solitude)'은 잊힌 세계였습니다. 술에 취해 사리 분별을 잃어갈 때 내뿜은 담배 한 모금의 연기를 바라보며 세상의 야박함으로부터 나를 위로했습니다. 가끔 나만의 엘도라도가 생각날 때가 있었습니다. 이제는 구전으로 전해진 설화에 불과했습니다.

꿈에서나
만날 수 있을까요?

나만의 엘도라도

'Love 고독(孤獨, Solitude)'

그립고
또
그리웠습니다.

달라지고 싶습니다.
벗어나고 싶습니다.

향락의 아스팔트에서

　오르막 구간을 다시 도전하기로 했습니다. 하지만 오름의 비명을 견디려면 많은 훈련이 필요합니다. 마음이 조급해 오름의 비명을 줄일 수 있는 물리적 장비에 의존하기 시작합니다. 물리적 장비로 몸을 감쌀수록 오름의 비명은 줄지만, 몸이 무거워 정상까지 도달하기는 무리입니다. 다시 하산했습니다. 하지만 물리적 장비를 포기할 수는 없었습니다. 오름의 비명을 더는 겪고 싶지 않았습니다. 하지만 몸이 무거워 다시 하산해야 했습니다. 수백 번 오름과 하산을 반복하니 슬슬 지쳐갔습니다. 다시는 담배 한 모금과 술에 취해 나를 위로하고 싶지 않았습니다. 향락의 아스팔트에서 훌륭한 성능을 자랑하는 물리적 장비를 포기해야 합니다. 몸을 가볍게 해야지 정상에 도달할 수 있어서입니다.

**물리적 장비를 벗어
볼품없는 나와
처음으로 인사합니다.**

**물리적 장비가 사라지니
숨을 곳이 없네요.
부끄럽기만 합니다.**

**날 것의 나를
사랑하고 싶습니다.**

진심으로.

물리적 장비를 벗고 오름의 비명을 피하지 않기로 했습니다. 모난 돌의 성난 공격으로 고통이 발바닥부터 전해 옵니다. 발바닥에 굳은살이 생겨 모난 돌의 성난 공격이 지압처럼 느껴질 때까지 오름과 하산을 반복했습니다. 하지만 이대로 끝이 아니었습니다. 발바닥의 고통은 사라졌지만, 전기처럼 짜릿해 화상을 입은 것처럼 타오르는 근육통이 종아리를 타고 허벅지까지 올라와 걷기가 어려워졌습니다. 발바닥이 돌이 되고 견딜 수 없는 근육통을 성장의 기쁨으로 느낄 때까지 수백 번 오름과 하산을 반복했습니다. 이제 모르겠습니다. 얼마나 제가 오름과 하산을 반복했는지요. 그렇게 저는 어느새 열정의 주인이 이끄는 대로 아무도 방해할 수 없는 비밀공간의 입구에 도착합니다.

'오름의 비명'은
누구도 걷지 않은
미지의 세계로 다다른
자랑스러운 훈장입니다.

'Love 고독(孤獨, Solitude)'의 세계 앞입니다. 비밀공간은 특수한 마법으로 굳게 닫혔습니다. 그동안 부질없이 살아온 인생의 발자취를 돌아보며 의미 없는 낱말과 숫자를 조합하여 주문을 하염없이 외치지만 야속한 비밀공간은 입을 열지 않습니다. 이대로 포기하면 열정의 주인이 이끌기 전의 현실 세계로 돌아와야 합니다. 산 넘어 산입니다. 무엇 하나 쉽게 지나칠 수 없는 인생이 야속하기만 합니다. 다시는 돌아가기 싫습니다. 향락의 아스팔트가 큰 기쁨을 주지 않아서입니다. 그래도 조금은 안심이 되었습니다. 다른 이도 저와 비슷한 처지에 놓여 'Love 고독(孤獨, Solitude)'의 세계 앞에서 서성이기 때문입니다. 이들 모두 각자의 소명을 찾으러 이곳에 왔을까요? 오늘은 더는 고민하지 않고 잠시 눈을 감아 힘겹게 문 앞에 도착한 제게 상을 주고 싶네요. 손에 닿을 듯 낮은 하늘에 박혀있는 수많은 보석을 세다 잠이 들었습니다. 자신이 조금 예뻐 보이는 오늘입니다.

아무도 몰라줘도
내가 안다.
고생했다.

비밀공간을 여는 조건을 알아냈습니다. 향락의 아스팔트에서 'Love 고독(孤獨, Solitude)'의 세계로 진입하려면 타인의 시선을 의식하지 않고 올곧이 내면과 대화해 흔들리는 외부환경에 의연하게 대처할 수 있어야 합니다. 처음 이 조건을 들었을 때의 기분을 잊을 수 없습니다. '허큘리스' 그래픽 카드의 한계로 흑백으로만 표현했던 모니터 안의 세상이 'EGA' 그래픽 카드의 보급으로 흑백에서 16색의 다채로운 세상을 구현했을 때의 처음 황홀함과 비슷해서입니다. 듣기에는 너무나 당연한 진리를 행동으로 옮겨서 유지하는 게 얼마나 고된지 당시에는 알지 못했습니다. 타인의 시선을 의식하지 않고 올곧이 내면과 대화하는 방법이 있기나 할까요? 올곧이 내면과 대화하려면 우리 삶에서 썩은 열매를 맺게 하는 '불행의 씨앗'을 찾아야 합니다. 하루를 시작해 마감하기까지 도처에 널려 있는 불행의 씨앗으로 정체성을 잃어가며 타인의 눈치를 살피기에 다수가 선택한 길을 맹목적으로 따르는 안타까운 일이 발생합니다. 불행의 씨앗이 무엇인지 궁금하지 않았으면 합니다. 오늘 일어난 불행의 씨앗을 제거한다고 문제를 해결하는 게 아닙니다. 근본적인 원인을 찾지 못하면 또 다른 불행의 씨앗을 파생합니다. 그렇기에 이러한 미봉책 접근방식은 우리의 고질적인 문제점입니다. 근본적인 원인을 파악하려면 결국 올곧이 내면과 만나 대화해야 합니다. 하지만 내면과 만나려면 정신과 육체 모두 험난한 시험대에 오르기에 상당한 노력과 시간이 필요합니다. 무채색 사회에서 살기에 우리는 너무나 바쁘고 신경을 써야 할 외적인 일이 많지요. 외적인 일이 많기에 자신을 돌아볼 시간이 충분치 않다고 늘 푸념합니다. 외적인 일로 삶의 가치가 떨어진다고 믿기에 외부적인 힘이 이를 해결해야 한다고 강하게 믿고 있습니다.

외부가
우리의 행복을
관장한다면
차라리 난,
주저 없이 외부가
되겠습니다.

험난한 시험대에 오른 정신과 육체는 서서히 모든 과정에서 피곤함을 토로하며 근본적인 원인을 멀리합니다. 지금 당장 갈증을 해소할 미봉책을 '천기누설'처럼 맹신하여 열광합니다. 천기누설은 불행의 씨앗입니다. 우리의 행복을 갈취하는 불행의 씨앗은 전염성이 강한 고약한 세균입니다. 전염성이 강한 세균을 근본적으로 해결하지 않으면 삶의 모든 곳으로 퍼져 또 다른 불행의 씨앗을 파생합니다. 그렇기에 눈앞에 보이는 불행의 씨앗을 취하면 마치 일시적 갈증을 해소하려고 '바닷물'을 마시는 행위와 같습니다. 결국, 탈수증상으로 죽게 되지요. 외부가 우리에게 하는 역할은 일시적 갈증을 해소하기 위한 바닷물 공급입니다. 찰나의 행복을 조장하는 천기누설로 결국 탈수증상이 발생해 죽음에 이른다는 사실을 이들이 설마 모르고 있을까요? 그렇기에 우리에게 바닷물을 같이 마시자고 친절하게 설득할 뿐 이들은 바닷물을 절대로 마시지 않습니다. 그게 향락의 아스팔트가 지닌 특징이기에 그렇습니다. 향락의 아스팔트의 특징은 복잡한 알고리즘의 사건을 토대로 전체가 아닌 부분에 집중하게 합니다. 전체가 아닌 부분에 집중하면 숲의 모양을 이해하기 어렵습니다. 즉, 흐름을 파악하기 어렵기에 특정 무리의 생각을 맹목적으로 따르게 하는 '판단의 상실'을 초래합니다. 규모의 경제가 커 분업이 발달한 사회일수록 이러한 경향이 짙습니다. 판단의 상실로 작위적인 편안함을 선택할수록 슬금슬금 피어오르는 미래의 불안을 피하기는 어렵습니다. 그렇기에 불안은 사건의 인과관계를 모르기에 발생하는 판단의 상실로 인한 부작용입니다. 즉, 불행의 씨앗은 근본적인 원인을 파악하지 못한 판단의 상실로 일어난 불안의 결과물입니다.

전체는 복잡하지만
부분은 단순합니다.

전체를 이해할 때
내면과 만날 수 있습니다.

내면과 대화하면
자연스레

**불행의 씨앗은
사라집니다.**

입구 앞에서 전체가 아닌 부분을 해소하려고 천기누설을 맹신했습니다. 'Love 고독(孤獨, Solitude)' 앞에서 서성이던 사람들이 하나둘 문을 열고 사라집니다. 불안할수록 천기누설에 의존했습니다. 저의 불안을 아는지 외부는 단호한 목소리로 저를 위로합니다.

**"천기누설이 열쇠이다.
너무 서두르지 말아라."**

그런데 이상합니다. 문을 열고 사라지는 이들 모두 하나같이 비슷한 이야기를 합니다.

**"천기누설로
문을 열 수는 없어."**

무엇이 진실일까요? 더는 문 앞에서 노숙한 날을 세며 전의를 다졌던 시간을 기억하지 않습니다. 슬프지만 웃긴 현실은 이곳에 머물며 문 앞에 도착한 신입 동지에게 천기누설을 설파하고 있었습니다. 비밀의 문을 지나 무엇이 있는지 저는 모릅니다. 그래도 천기누설을 설파합니다. '어쭙잖은 랍비' 짓으로 사람이 모여 제 말을 경청하니 그게 또 즐거웠습니다. 시간이 흘러, 왜 이곳에 힘겹게 올라왔는지 잊었습니다. 어쭙잖은 랍비로 살아가는 게 삶의 소명이라 단정 지었습니다. 분명히 비밀의 문을 열고 앞으로 나아간 자가 있었음에도 이렇게 이야기합니다.

"비밀의 문은 처음부터 열 수 없다.
이곳이 바로 'Love 고독(孤獨, Solitude)'이다.
그러니 돌아가라."

사실
알고 있습니다.

외부의 힘인 천기누설은
비밀의 문을 열 수 없습니다.

다 부질없는 생각이지요

하지만

부질없는 생각을 포기하면
너무 억울합니다.

동귀어진(同歸於盡)

'어쭙잖은 랍비'가 되기로 한
이유입니다.

동귀어진(同歸於盡)의 마음으로 거짓을 말했습니다. 사람들에게 이곳을 'Love 고독(孤獨, Solitude)' 세계라 이야기했습니다. 거짓을 믿고 기뻐하는 사람을 보며 안도했습니다. 이들도 나처럼 비밀의 문을 열 수 없어서입니다. 하지만 시간이 지날수록 거짓으로 그릇된 길을 이끄는 제가 혐오스럽게 느껴졌습니다. 해가 떠 있는 동안은 눈을 감아 장님인 척 연기했습니다. 선량한 눈에 비치는 거짓된 나의 모습을 바라보는 게 힘들어서입니다. 칠흑 같은 어둠이 다가와 시야를 가려도 머리 위로 쏟아지는 투명한 별이 너무 밝아 숨을 곳이 없었습니다. 이렇게는 살기 어렵다고 판단했습니다. 처음부터 다시 시작하고 싶었습니다. 무엇이 저를 이처럼 철저한 위선자로 살아가게 했는지 고민했습니다. 무엇이 저를 이처럼 변하게 했을까요? 저를 파괴한 불행의 씨앗은 무엇일까요?

'천기누설'

더는 타인의 이야기를
듣지 않으렵니다.

천기누설을 따라 힘겹게 올라와 천기누설을 설파하는 어쭙잖은 랍비가 되기까지 '나'는 없었습니다. 타인의 입으로 흘러나온 천기누설을 맹신하여 생각하기를 그만두었습니다. 어쭙잖은 랍비로 활동하는 이 순간에 설파하는 모든 이야기조차 타인의 입으로 흘러나온 그들의 천기누설입니다. 'Love 고독(孤獨, Solitude)' 세계를 상상하며 노력한 모든 날을 떠올리면서 타인의 생각이 배제된 '온전한 나'를 만나려면 무엇을 해야 할지 고민했습니다.

카테(C.A.T.E.) 십계명.

1. '천기누설'을 더는 듣지 않기.
2. '스스로 무지하다.' 인정하기.
3. '어쭙잖은 랍비 짓'을 하지 않기.
4. 사람에 기대어 쉬운 길을 찾지 않기.

5. 누군가를 미워하려면 차라리 외로워지기.

6. 모든 원인은 '나'라 생각하기.

7. 혼자 있는 시간을 늘리기.

8. 용 꼬리가 아닌 뱀 머리로 살아가기.

9. '안분지족(安分知足)'을 진정으로 실천하기.

10. 독서하여 '나'를 돌아보기.

'카테(C.A.T.E.) 십계명'을 지키면 비로소 온전한 나를 만날 수 있다고 확신했습니다. 그런데 한 가지 문제가 생겼습니다. 카테(C.A.T.E.) 십계명 중 무엇을 먼저 지키면 자연스레 다른 계명을 지킬 수 있을까요? 마음이 급해집니다. 당장 환골탈태해 다른 사람이 되고 싶었습니다. 이처럼 세상에 이로운 일을 하고 싶지만, 천기누설에 길들여진 내게 남겨진 인내심은 바닥이었지요. 천기누설은 '일정 시간'을 투자해 얻는 성취감을 모조리 뺏어갔습니다. 인내심을 가지고 하나에 몰두해 노력하는 게 세상에 뒤처지는 어리석은 행동이라 말하는 향락의 아스팔트에 길들여진 나를 극복하고 싶었습니다. 도대체 저는 카테(C.A.T.E.) 십계명 중 무엇을 먼저 지켜야 할까요?

10. 독서하여 '나'를 돌아보기.

'독서'는 혼자 있을 때 가능합니다. 자연스레 홀로 남겨진 시간을 즐기기 시작했지요. 하지만 홀로 남겨진 시간이 길어질수록 인간관계에 소원해져 발생하는 불안함이 나를 사로잡았습니다. 향락의 아스팔트에서는 인간은 사회적 동물이라고 합니다. 인간은 사회를 떠나 무엇도 할 수 없다고 향락의 아스팔트에서 말합니다. 그동안 한 번도 의심하지 않았던 천기누설은 나를 힘들게 했습니다. 책을 읽을수록 향락의 아스팔트가 비웃으며 내게 말합니다.

"고리타분한 책과 친구가 되려 하다니, 사회에서 더는 너를 기억하지 않을 거야. 결국, 혼자 외롭게 늙어 죽을 거라고. 행복은 비교할 게 있어야 해. 비교할 대상이 없다면 스스로 행복한지 어떻게 알지? 책이 너에게 행복을 가르쳐줄까? 책은 아무 말도 못 하는 벙어리인데? 어리석은 짓 늦기 전에 그만둬. 모두 시간 낭비라고!! 결국, 넌 다시 나를 그리워할 거야. 너라고 다를까?"

향락의 아스팔트가 비웃으며 던지는 의구심을 그 당시에 난 답하지 못했습니다. 오히려 독서 할수록 바닥난 인내심만 경험할 뿐입니다. 포기하고 싶지 않았습니다. 어쭙잖은 랍비로 더는 살고 싶지 않아서입니다. 정말 온전한 나를 만날 수 있을까요? 온전한 나를 만나면 모든 불안감이 일시에 해소될까요? 물어볼 곳도 없기에 모르겠습니다. 답답한 내 마음을 아는지 가끔 종교를 통해 마음의 평안을 찾으라는 이도 있습니다. 지나서 이야기하지만, 종교 자체가 우리에게 즉각적으로 마음의 평안을 준다고 생각하지 않습니다. 마음의 평안은 하나님이 부여한 삶의 소명을 이해할 때 이루어집니다. 삶의 소명을 이해하는 과정의 시간은 결코 짧다고 생각지 않습니다. 그렇기에 삶의 소명이 아닌 즉각적인 마음의 평안을 찾아 종교에 의지하면 하나님의 허울 아래 이루어진 '외적인 구실'에 기대는 행위에 지나지 않습니다. 외적인 구실에 기대는 행위는 초심을 흐릿하게 하여 방향성을 잃게 합니다. 본질을 잊고 외적인 구실을 유지하는 데 열일합니다. 2021년, 입에 담기 힘든 잔혹한 죄로 외적인 구실을 정당화하려는 뻔뻔함을 주위에서 흔하게 목격할 수 있습니다. 하나님을 믿는 행위가 정녕 길흉화복을 위하는 게 아닐 텐데요. 크리스천으로서 가끔 이들의 생각을 이해하기 어렵습니다. 제 이해력이 부족한 탓이지요. 종교와 관련해 언급할 깜냥이 되지 않기에 이쯤에서 마무리하겠습니다.

계속해서 지난날의 이야기를 이어가도록 하지요.

독서하면 정말 온전한 나와 대면할 수 있을까요? 온전한 나와 만나는 길이 올바른지는 어떻게 확인할 수 있을까요? 지금부터 책을 통해 변해가는 모습을 기록했던 당시의 글을 공유하려 합니다.

1. 커피를 좋아합니다. 공간에 그윽하게 퍼지는 향도 사랑스럽지만 뜨거운 온기로 이루어진 커피가 세상의 온도와 비슷해지는 그 시간을 사랑합니다. 뜨거운 커피가 식기를 기다리며 창문 너머로 보이는 타인의 공간이 아닌 자기만의 공간에서 무엇을 세우며 나아갈까 고민하는 그 시간을 사랑합니다. 세상의 온도와 같아지는 시점이 다가오면 이미 마음은 촉촉하게 젖어 눈앞에 곧 펼쳐질 찬란함을 상상합니다. 누구도 걷지 않은 새로운 길에서 두려움을 견디며 용기 있게 나아가는 것 같습니다. 다만 커피는 단지 도구에 불과합니다. 커피를 사랑하는 이유는 엄밀하게 말하면 향도 공간도 아닙니다. 제게 커피는 '사색'이라는 키워드와 동격의 관계입니다.

2. 종이책을 읽으면 이해하기 어려운 난해한 문장과 꼬리에 꼬리를 무는 내용이 우리를 힘들게 합니다. 한참을 읽어도 무엇을 말하고 싶었는지 감을 잡기 어렵습니다. 집필한 내용 모두 범주에 속한 내용이 아니기 때문입니다. 종이책을 통해 왜 그들

이 차별적인 사람이 되었을까요? 대중의 언어가 아닌 자기만의 언어로 이야기해서입니다. 모든 종이책은 스스로 대중의 한계를 초월한 그들만의 이야기가 있습니다. 그렇기에 종이책을 가까이하기 어렵겠지요.

3. 무언가 목적을 가지고 읽기 시작했다면 그건 처음부터 독서의 취지에서 벗어난다. 그건 단지 정보를 알기 위한 행위에 지나지 않으며 독서라고 하기에는 아직 이르다. 독서는 글자와의 만남이고 글자를 디자인처럼 느껴서 얻을 수 있는 즐거움이자 놀이이다. 필체의 아름다움을 느끼지 못했다면 아직 독서라고 할 수는 없다. 저자와 대화를 하고 있다는 마음과 저자의 글을 통해서 수많은 질문이 발생하지 않는다면, 독서라 칭하기 어렵다. 그리고 "머리 뚜껑이 열리는 기분"을 느끼면 하나의 책을 통해서 수많은 책의 비슷한 내용이 떠올라 하나의 체계와 가치관으로 정립할 수 있다. 아직 이 감정을 느끼지 못했다면 독서라 칭하기 어렵다.

4. 세상은 변해도 변하지 않는 것이 있다는 사실을 청명함만 믿고 날뛰던 그 시절에는 알지 못했습니다. 시간이 흘러, 바라보는 세상은 두려움으로 점점 좁아졌지만 작은 움직임에서 비롯된 희미한 속삭임과 사람 간의 숨결을 감사할 줄 아는 뒷방

늙은이로 살아감을 감사합니다.

"범사에 감사하라."는 성경 데살로니가전서 5장 18절 말씀에 있는 구절입니다. 향락의 아스팔트에서 귀에 딱지가 앉도록 들었던 이 구절을 머리가 아닌 마음으로 만났다면 이미 온전한 나와 대면해 'Love 고독(孤獨, Solitude)' 세계로 진입하지 않았을까 생각합니다. 십 대 시절, 어머니가 공부하라는 잔소리가 너무 싫어 옷장 속에 숨은 적이 있었습니다. 정작 당신도 열심히 하지 않은 공부를 왜 그렇게 하라고 강요할까요? 어머니를 이해할 수 없었습니다. 그러다 옷장 속에서 잠들어 버렸습니다. 40대가 지나서야 공부를 왜 해야 하는지 조금은 알게 된 것 같습니다. 공부하는 이유가 입신양명(立身揚名)을 위함이라 오랜 시간 의심 없이 믿어왔습니다. 그래요, 지금도 입신양명(立身揚名)의 꿈을 완전하게 버리지 못했습니다. 다만, 입신양명(立身揚名)의 방향이 달라졌습니다. 사회에서 타인의 인정을 통한 찰나의 행복이 아닌 온전한 나와 대면해 자존감을 만나는 길을 택했습니다. 독서하기 이전의 삶은 "이름을 드날린다."라는 뜻인 양명(揚名)에만 관심을 가졌기에 입신양명(立身揚名)의 의미를 사회에서 이름을 높여 출세하는 것으로 생각했습니다. 그렇기에 무엇보다 타인의 시선을 통한 인정이 전부인 삶이었습니다. 다양한 분야의 사람과 교류를 통해 자신을 드러나는 게 무엇보다 우선인 삶이었습니다. 하지만 알게 되었습니다. 타인의 인정을 통해 얻은 행복을 유지하려면 결국 자신의 삶을 버려야 했습니다. 행복하기 위해 자신의 삶을 버려야 한다는 사실이 너무 슬프지 않나요? 많은 이가 스스로 행복해지려고 다양한 선택을 합니다. 하지만 타인의 시선을 배제한 선택이 있었는지 자문했으면 합니다.

만약 당신의 꿈으로
자신의 삶을
단 하루도 살아갈 수 없다면?

만약 당신의 꿈이
타인의 시선으로 조작된
행복의 허상이라면?

양명(揚名)이 아닌 입신(立身)의 무게를 두는 삶을 그려가는 게 온전한 나와 만날 수 있다고 확신했습니다. 입신(立身)의 의미는 "몸을 세운다."입니다. "몸을 세운다."의 진의를 어떻게 나에게 적용할지 상당한 시간 고민했습니다. "몸을 세운다."는 수신(修身)을 통한 이립(而立)으로 온전한 나와 대면하는 방법이라 생각합니다. 수신(修身)은 마음을 닦는 길입니다. 조금은 어려울지 모르지만, 마음을 닦는 게 온전한 나와 대면하는 행위라 믿습니다. 마음을 닦는 길은 무엇일까요? 세상에 흔들리지 않고 묵묵히 자기 길을 걷는 과정이 마음을 닦는 길이라 생각합니다. 공부도 이를 실천하기 위한 도구입니다. 조금이라도 일찍 알았다면 더는 부질없는 짓에 몰두하며 삶을 낭비하지 않았을 텐데요. 그것 또한 지나서 보니 공부라 생각합니다. 기존의 뜻을 해하지 않고 그 안에서 자기의 길을 찾아가는 게 공부의 방향이며 우리가 공부해야 하는 이유라 믿습니다. 그렇기에 제 해석이 실제와 다를 수는 있습니다. 하지만 이로 인해 향락의 아스팔트에서 군림하는 상술꾼에 흔들리지 않고 온전한 나와 대면하는데 집중할 수 있다면 그것으로 족합니다. 무채색 사회에서 헛된 시비를 가려 우월함을 증명하려고 공부한다면 결국 상술꾼으로 전락합니다.

공부는
자극적이지 않다.
온화하고 부드러우며
정적이다.

상술꾼이 창조한
이 세상은
자극적이다.
격렬하고 뜨거우며
동적이다.

성인이 되어
공부가 쓸모없다 느낀다면
상술꾼의 자식으로
살아갈 수밖에 없다.

상술꾼의 자식에게
온전한 나는 존재하지 않는다.

다가올 내 아이에게

"아가야,
세상은 원래 그렇다."

부끄럽게
변명하고 싶지 않다.

비밀의 문을 열기 위해 오랫동안 같은 자리에 머물렀습니다. 어느덧 40대가 지나 50대로 향합니다. 독서를 통한 이전의 삶과 이후의 삶이 완벽하게 변하지는 않았습니다. 다만 책과 씨름하며 사색하는 시간이 길어질수록 혼자 있는 시간이 얼마나 소중한지 깨닫게 됩니다. 여전히 '카테(C.A.T.E.) 십계명'을 완벽하게 따르지 못합니다. 여전히 화가 많아 누군가에게 상처 주는 일을 반복하며 후회합니다. 하지만 이전과 달라진 것이 있다면, 잘못된 행동을 후회하여 반성합니다. 외적인 장비를 착용해 스스로 과대평가하지 않습니다. 타인의 시선을 충족하려고 자존감과 멀어지는 거짓된 삶을 살지 않으려 합니다. 이제는 흔들리는 게 세상인지 나인지 명확하게 알 수 있습니다. 온전한 나와 만나기 위한 나침반이 있어서입니다. 마침내 'Love 고독(孤獨, Solitude)' 세계로 진입할 주문을 알게 되었습니다. 저보다 먼저 'Love 고독(孤獨, Solitude)' 세계로 진입한 선배가 어디로 갔는지도 알게 되었습니다. 그들 모두 향락의 아스팔트로 돌아갔습니다.

'Love 고독(孤獨, Solitude)'의 세계는
장소가 아니었다.

온전한 나와 대면하기 위한

처절한 몸부림이
'Love 고독(孤獨, Solitude)'의 세계였다.

이 모든 과정이
'Love 고독(孤獨, Solitude)'이었다.

무엇을 얻으려는
찰나의 행복으로는
자존감을 만나기 어렵다.

온전한 나를 만나려면
무엇을 버렸을 때의
기쁨을 깨닫는 것이다.

향락의 아스팔트에서
부족한 B급 Sophist로 살아가려 한다.

그것으로 난 충분하다.

THE END.

나는 B급 소피스트입니다

초판 1쇄 인쇄 2021년 08월 31일
초판 1쇄 발행 2021년 09월 10일

지은이 안정호

편집 김지홍
디자인 조혜원

펴낸곳 도서출판 북트리
펴낸이 김지홍
주소 서울시 금천구 서부샛길 606 30층
등록 2016년 10월 24일 제2016-000071호
전화 0505-300-3158 | 팩스 0303-3445-3158
이메일 booktree11@naver.com
홈페이지 http://booktree11.co.kr

값 13,900원
ISBN 979-11-6467-084-0 03810

· 이 책은 저작권에 등록된 도서로 저작권법에 따라 무단전재 및 복제와 인용을 금지합니다.
· 이 책 내용의 전부 및 일부를 이용하려면 저작권자와 도서출판 북트리의 서면동의를 받아야 합니다.
· 잘못된 책은 구입하신 서점에서 바꾸어 드립니다.